MEFÚLÚ A METUM
MÉ BÚLU

I0426499

BETÀ BEABÓNKÔ'Ô YÀ ÉNYIÑÉ MÒNÉ BÚLU,
A É MAM MÉ NGÁ ZÙ M'Á BOBAN ÉTÉ, A TÁTÈ
MBÍÁLÁN, A KÚÍ ÁWÚ.

Áválé Rev David Henri AMVEMBE ÁMVEMBE
a ngá tili ,2010.

MEFULÚ A METUM MÉ BÚLU

Bí á líti áválé búlu bé ngá zù b'á bo mamé yà êꞥyiñe jáp , a kômôtô môt, é dañedñe faam. Bi a líti betà medàá mebo yà êꞥyiñe Mòne Búlu, a é mam mé ngá zù m'á boban êꞌtêꞌ, a tátêꞌmbíálán a kúí áwú.

Voici un résumé de la manière de vivre dans la société Búlu. C'est une illustration de l'ensemble des coutumes qui marquent la vie d'un homme de la naissance jusqu'à sa mort.

MEFÚLÚ A METUM

NKPWÀSẺ YÀ É KÁLATE NYÚ.

4

- Ñyé'élán é méválé mébô'ô m'á yian ókala á ntó -

Nkànán áválé mínkàná, a áka'angàná mongó à né jí'à é wók

- Mbòndáné ngúm étaba'a : ndá

- Mbôndáné ngúmé ndáalúk : mingá ngé bíngá

  - Meválé méndámélúk a Mbòndáné ngúmé ndábôt :

  - É méválé mèzèné bôt bé mbé ngule tà é lú'an

  - Bísáê ású yà é tíndi njéñán ábíáê, mfòláné mvoñe bôt, ndôñôláné méyáê ású ndábôt, a nnénán áyoñé bôt.

5

MEBẺNLA'A

Ngé bí nyoñèyà abùì éyoñ, a jíbì àbùí mìnjù'ú nà bí zu kúí nà é kálate nyúná á tìlìbáan, a ne amú :

1.- Bí á búnì náà Áyoñ ése d'á kốmbô ke ồsú a yáế, a bu'uban é tò ngul àbùì, d'á yiane lốñ ốsímésáné yà é méyáế mế, é mínkàñé míế mí bèmé é mbốkà'á yà :

- é nkóbồ é bémvámbá bế bé ngá zù b'á kalane wố asímésán a só ábíálế

- é mbamba méfúlú a metum é bémvámbá bế bé ngá zù b'á nyiñe mé a só ábíáế.

Nálẻ a a tinane náà, môt áse a a yiane tátẻ é yemelan é jốm émièn á nế, ế só'ò nyé é be é bémvámbá bế a zèné yà :

- Ốnóñé nkóbô à á zu kooẻ ángốlốkố bôte dế d'á zù d'á kóbô a só é be bemvámbá.

- É bétótyìí méfúlú a metum é bémvámbá yà ángốlốkố bôt à à té é bíálẻ ếtế bé ngá zù b'á belane bé a só ábíálế, bé tóò mfí.

Bíốm bítẻ mmbie bí ngá zù bí á vólồ bemvámbá, ású yà é kômôtô, a lốñ ốyélé yà é mam mé ngá bò náà Áyoñe ése é yénếẻ náà é bìlí ábím mebu'uban d'á yiane bôt bése; bé nyiñik, a bébièn ; bé yéme né zéñ-zèñ-zèñ ; a bé tò ngul ané bé mbé, a é mézèné bé ngá bìlí, a belane mé, já'àné ẻyoñéte bé ngénan teke'e yem, ngé é síñélane mintáñán bebẻ.

9

É békálate bá, b'á tiliban èyoñéte mé bòyà ésáé yà é jéñ é mam m'á tinan ónóñé nkóbò Búlu, a ónóñ óyél é méfúlú a é métum mé Búlu, a só é mbíáláné wom mè ngá bíálè a yáé a só é móngó.

Me ngá jéñ a wó'ó fe mam métè é be é bénji'injí'i bé mbé ngule yà é láane mam métè é mèbá, è jà, ané Nlate Andóñ, Amvembe Ósèlé, Ôsá Bílée, Mònéwoso Andóñ ; ngé na, é be é bá me mbé ngule yà é wó'èyoñe béèbé b'á láan me tò móngó, ané Ôwúndì Éyònó, Mònéwoso Abeñ, Nlaté Nganè Mbô'ô, Nlaté Nganè Mbó Zèé, Èndameyò Mengele, Ndanga Mfulu, Mvondô Minko, Amvembe Ménge, Ebôtó Ekó'ólá, Ekó'ólá Ókô, Mvondô Ngane, Ntén Ekó'ólá, Meja mé Mvondô, Ôkònó Ásàkô, Ndanga Avulu, Meyo mé Avulu, Abeñébete Ékô, Ntu'ù Mendo, Ôwônô Ásàkô, Èbàné Ówônô, Ebàlé Bijañe yà Nsim-ábem (Mimbañ), àbùì yà bôte bétè, bémièn bé tò bèmvón bé Só. Me ngá láanè fe a é bímvám biam, benyàbìngá ané :Ôsèlé Mbañ, (é nyìáa ésàá wom), a Biló'ó bì Zanga, (é mìngá á ngá bíáè é nyìá wom Anje Méjóô Salóma), Bilé bí Mònéyàñ, Bilé bí Mònéntyam, Avulu Éngônô, akk, akk. Bía be é mínnòm mí bôt mè ngá tóbane mié minlam mifé ané David Mejó Minkô , (Mòné Ndoñe yà Ákomé Ndoñ, Meyômésála ; bíà nyé bí ngá tátè láané mam métè, èyoñéte á lòtèyà mìmbú mewóm ébul a muam ; a bí ngá kee minláñ mítè ôsú a kúí éyoñ a ngá wú, èyoñétè á lôtèyà nteté mìmbú.

Bía be bènyàbôtô befé, ané Fốnô Esi'i a Esi'i Mbañe yà é Kúme Yetôtan ; David Mvótô yà Álén (Nkoñémekak) akk, akk, bí ngá láanè fe mam meválé métè, a kúí éyoñe màmìen mè ngà zu tátè ngúm ésáé, é mbú 1980, náà mé ke m'a beta jéñé betótyìí bèbébélá yà é mam métè.

Me ngá nyoñe beta njù'átè áse, a bò minjéñán mítè míse, amú nà,Ônóñé nkóbô ábíálé, a betótyìí méfúlú a metumé yà ngúm Áyoñ, bí ne mfí ábùì, ású Áyoñ ése d'á kốmbô yáé a bu'uban é tò ébìen ; a m'a yeme náà, ángốlốkố bôt ése d'á jáñéle bíóm bítè bíbàè é ntóo ané éfáfaa é njí fe betá é bì mindi. Èyôlè ával ángốlốkố bôt étè ése j'á jáñ. Bía bevók bí njí yéné mváé nà bía, Búlu, bí jañe nálè. Amú nálè a ne ôsón áwú.

Ve d'á yénè nà, mfá'à yà Áyoñé Búlu, éyoñe bí né é tôté ve dílì, Búlu àbùì bé lí'íyà bé lóóba'ane náà Búlu, ve amú bé ngá zu kooè bé ló'one môt èziñ yà é bébíáé bé, ngé ki é bébíáé bé bébààne náà : Búlu ; ve teke'e nyà ñyèmáne yà ával ényìñ ốnóñé Mòné Búlu yà é mèlú kôá é ngá tò ngômôtô ntá'án, já'àné éyoñéte Búlu bé ngénan teke'e yem, ngé é dañ é síñélane mìntáñán.

É yénéyà fe náà, àbùì yà é bè bía, Búlu, bí ne áválé môt d'á jí'a kañese é biasè, a wua é jốm é né énjángán

11

bíàbébìèn è sí, ve amú nà bí yénèyà áválé jõm éziñ afé bôt befé b'á sóo bía dé, a é mfàsáné wóp. Bí á jí'à fe ben é jõm bí á zù bí á ju'u belane jé, teke'e náà j'á ndéñéle bíà jõm éziñ, ngé é lítì átè'éziñ é né é bo náà bí kate vé jè é ngômôtô j'à yian, náà é bí é bíõm bísè bí á jémban, a ábímé mam ésè d'á yian.

Bíàbébìèn bí á yiane mané é kômôtô é mínkóbô míángán, a tú'à fe yem é métum mángán amú bí mbìlí áválé bôt é ntóo ngule yà é jéñ, a yemelan é mam mángán mé né ábeñ, a mvò'é, áválé bí né é yem é kômôtô é mam mángán, a ba'ale é mbamba méfúlú bèmvámbá bé ngá bìlí, a betá é vumelané mè ; bí nga kô'ôlane ñhé ki é mbambà mímfefè mí bíõm, a é mbambà mímfefè mí mam mifé é bôte bevó'ó bía be bé bí á kè bí á síñélan bé né é bi, mí tò mfî a mváé mfá'á wóngán. Ve nálè a njí yian é bo bíà náà bí kándáan a ôyél ôbìèn w'á yiane bo bíà é jõm bí né, bí sela'an a é bôte bevók.

É kálate nyú a ne wùá yà é békálate bí á sôñé nà bí kúlíi, ású yà náà bí beta ve'ele é líti bôt é jõm Áyoñé Búlu é mbé.

Rév. David Henri Amvembe Amvembe.

Àyèmế

Beta jam yà é tátề yem a ba'ale, ếyoñe w'à zu belan é
kálate nyú, a ne náà, é kálate nyú ềtế, w'a ye yéné mèvále
bíyéyé'ané mendem méziñ, mé bête é bibubutè bikàngá è
yốp. Mendem métè mé ne é mímfềfề mendem Rev David
Henri Amvembe Amvembe a ngá tế, ású yà é ve'ele é vólô
náà, é môt a a láñ, á bo ngule yà é yemelan áválé mìnkốñé
bìdùñé yà é nkóbồ Búlu mí á bét, ngé é sus, ndembén á né
yem é láñ é nkóbồ Búlu, a fále'e wố ané é Búlu bébìèn b'á
yeme kóbồ ốnóñé nkóbồ Búlu b'á fále é nkóbồ wóbó.

Mimfefề mendem asú minkốñé bìdùñé yà ốnờñé
nkóbồ Búlu mite, mí á yénề é bibubuté bìkàngá è yốp, mé
líti'i minkốñé bìdùñé yà é tyíñe nkóbô mílá. Mendem
minkốñé bìdùñé mítè mí á wốmésan é minkốñé bìdùñé
mísèsé'é yà ốnóñé nkóbồ Búlu, aná:

　　　　　　É bídùñé bí né è sí, bìkàngá bí á yénề aná

a　　e　　ề　　i　　o　　ô　　u

É bídùñé bísèsé'é bí né è zàñ, mendem métè m'á yénề é
bìkàngá è yốp, aná:

à　　è　　ề　　ì　　ò　　ồ　　ù

É bídùñé bí né è yốp, mendem métè m'á yénề é bìkàngá è
yốp, aná:

á　　é　　ế　　í　　ó　　ố　　ú

13

Nálề a a vè áválé bìdùñé dì, é bìfíá ètế.

↓a→ abas e→ abeñ è̌→ abè̀ i→ mesiñ o→ abo ô→ ôbôm u→ ôbut

à→àkàñ è→ àbèñ é̀→ ồbè̀ ì→ àsìk ò→ àbòm ồ → ồkồñ ù →àbùt

á→ȅkáñ é→ ôbém è̌→ ȅbȇ́ í→ ȅlík ó→ abóñ ố→ ôvốn ú→ ôbút

É bídùñé bí á wố'ȅ é bífíá yà ồnóñé nkóbồ búlu ȇtế bí ne mintê̂mìntế, bí tò fe meválémèvá. É ne ayáȅ nà bí mane tili é míntế bìdû̂ñé míse, a é méválé bìdû̂ñé mése bí á yénȅ, ngé é wố'ȅ ốnóñé nkóbồ búlu ȇtế, é và. Ve bí á táme líti mìntế a meválé bìdûñ áválé dì:

- É bídùñé bí n'ȇ́tun.

  Bìdùñé bítè bí ne é bí ébubut ȇ́kàngá ȇ́se j'á vé ȇ́yoñ ȇ́ né ȇ́tám é ntáka'a bikàngá b'á tili bíe nkóbồ bûlu ȇtế , aná : Akôn ȅbom , akun , ȅteñ , bitom

- É bídùñé bí n'áyàp, bí tò nkố́ñé wúá, bí bètè fe áválȇ ȇ́kàngá dà é yố́p, aná :

aa→ é vaa

ee → é leen

ȅȅ → ne sȅȅ

14

ii → é nyii

oo→ é soo

ôô→ é sôô

uu→ é suu

Bí nè fe wố'ốtan ávál áyàbé bìdùñ étè é bèté é mèyèté
bìkàngá é yốp, aná :

mm→mmámán

nn →nnồm

ññ →né mìéññ

-É bídùñé bí n'áyàp , bí bèté ávàl ékàngá dá é yốp , ve èdùñ
ế só'é sí, ế kele'é yốp , aná :

àá→sàá

èé→me vèé

èé→abèé

ìí →abìí

òó→bòó

ôô→me lôô

ùú→kúkùú

Éyoñe Mòné Búlu a á bene jốm, ngé jam èziñ, a a bo èdùñ
ế tò áyàp, ế só'è sí, ế kele'é yốp, ế tò édùñé a ; bí á zu bí á
tili jé aná : a, ve d'á dañe mváẻ na bí tìlíi jé aná : bí á zu bí
á tili náà : m'a ye ki fe di den. Ve bí á yiane tìlì áná éyoñe
jí : m'à á yè kì fe dí dén, amú èdùñ ése yà été, a ékàngá jế,

15

bé bìlí bìsáé̂ bí sela'an. É à a tôô ėji'anékàngá a ne mvólô mbelán ajő ; ve é á mbók a ne ndeme yà mbenán.

-É bídùñé bí né áyàp, bí bèté ávàl ékàngá dá é yőp, ve èdùñ é̂ só'é yőp, é̂ kele 'é sí, aná :

áa→ é láan

ée→ élé̂ jì é̂ lée

é̂ė̀→ nkòl ő̂tè w'á té té̂ė̀

íi → ôlám ví á té bíi

óo→ mbé̂ ő yóo

ô̂ô→ ėkutí é̂ bô̂ô

úu→ élé̂ jì é̂ lúu é nkè̂.

-É bídùñé bí né áyàbé d'á za'abe, é bìlí éji'anékàngá é̂zézàñ áválé bìkàngá dá, bìdùñé bítè bí ne bò zia jìá ; bí nè só é sí bí kele'é yőp ; bí nè fe só é yőp, bí kele'é sí ; aná :

a'a→ta'a

à'á→ bà'á

á'a→dá'a

e'e→ te'e

è'é→ me bè'é

é'e→bôt bé bé'e é nseñ, né vôô nat.

è̀'ė̀→m'a sė̀'ė̀ wo mbe'e.

16

è˙é→ngé b'á tatane wò a àbùì ndían, ô sè˙é ndían.

é˙è→m'a yé˙è sikốlô.

i˙i→zi˙ili

ì˙í→sì˙ík

í˙i→ye w'a lí˙i ?

o˙o→ko˙oto

ò˙ó→zò˙óyañ

ó˙o→ôtó˙o

ô˙ô→é kô˙ôlan

ò˙ố→afò˙ốlô

ố˙ô→é fố˙ô

u˙u→é fu˙ulu

ù˙ú→sù˙ú

ú˙u→é sú˙u

É bídùñé bí n'áyàbé d'á za'abe, bí á bobané fe, bí bèté é

bíkàngá bíbàè bí á selan, aná :

e˙a→é be˙an

è˙á→ntè˙án

é˙a→é bé˙an

u˙a→ètutu˙a

ù'á→ ėbù'á

ú'a→ėtú'a

i'a→abi'a

i'á→ėdi'á

í'a→ėdí'a

o'ė→ėdo'ė

ò'é→ėfò'é

ó'ė→ėsó'ė

ô'ė→zô'ė

ò'é→ngò'é

ô'ė→é ngô'ė

u'i→du'i

ù'í→ndù'í

ú'i→é bú'i akk.

Bí sé ki ngule yà é màné é tílì bíse.

Ajóte w'a yiane tátè é jéñé nà ó yèmbáne mfefè jam ótè,

amú a ne é mfefè jam, a é mfefè zèn bí yénéyà nà bi á yiane

belane wó dén, ású yà náà bí kóme yem é tili, a é láñé

mínkóñé bìdúñ,   a mintế bìdùñé yà é mínkóbò míángán,

teke tyéndè áválé bìkàngá bí á zùzùyà bí á tili, dén a lòtèyà ntete mimbú è mvús.

Ntilikálate:

Rev.David Henri Amvembe Ámvembe

B.N.Rev David Henri Amvembe Émvembe nnye a ngá kañ
é bíve'ela'a bíse bí nế é kálate nyúná ėtế.

Ábónkố'ô yà Mbíálán

Abíáế, a ngômesan abíáế

Abum, a bityi ású mbùbúm.

Ané mìngá á nyòñé ábum, á nga zu bì ábùí bityi, ású yà náà
món á bo teke koné mèfúlú.

É bítyi bí á nambe ndíán:

Mbùbúm ố njí yian é dí nlố, ngé mìmbìàề mí tít món à zà
bíálế a bè'é nsoñ ányu, ngé nsàlán ếyáế ànyu. .

Mbùbúm ố njí yian é dí nyồk, món à zà bíálế a bìlí ếfel é
mvús.

Mbùbúm ố njí yian é dí ốjóế món à zà bò á kpwa'ak, avúl é
nga kúí nyè ányu ané ốjóế.

Mbùbúm ố njí yian é dí mìnsúngá, ngé é jáế mìnsángá,
ngob ė zà ndíñétáné món è tyíñ ếyoñ à á ye bíálė.

Mbùbúm ố njí yian é dí fốñe bìvès, avín é zà bò é kúi món
è mèló.

Mbùbúm ố njí yian é dí áwún, món àzà bò á bo'o mame njem ané áwún.

Mbúbúm ố njí yian é dí nkà'á, món à zà bíálế à tò ndók, teke wốk.

Mbùbúm ố njí yian é dí fós món á zà bíálế teke'ểláñ: ngè nà teke' é nlómbó mébì mé wố'ò kúí.

Ngé ki náà món à zà bíálế à tò ểnyenyeñểnyenyeñ ané fós.

Ngé nà abum é zà bò é bo'o món àné fós ếyòñ ếse à á vebe.

Mbùbúm ố njí yian é dí ểlolể, món á zà bíálế, anyu é tò nlàtán, nsoñ a ébámbám àné ểlolể.

Mbùbúm ố njí yian é dí kốểsí, món á zà bíálế a bè'é bìtút è tyíñ ané kốểsi.

Mbùbúm ố njí yian é dí é mínkòñé bí aloone náà minlốn, món á zà kpwélế nlốn ếyoñ à á ye bíálể.

Mbùbúm ố njí yian é dí mètyì mé kúp, món á zà bíálế teke'ểsìl è nlố.

Mbùbúm ố njí yian é dí òsồ'ố kóể, món á zà bò á kó'oể, a funa'an òsồ'ố kóế ếyoñ à á ye bíálể.

Mbùbúm ố njí yian é dí ốndốndốò àbùì, món á zà bò mìñyốn ábùì ếyoñ à á ye bíálể.

Mbùbúm ố njí yian é dí bikôb bí tít, món á zà bíálế a bè'é beta bé ánéné bíyáể ànyu.

Mbùbúm ố njí yian é dí mbùbáné nsa, món á zà bíálế a bè'é mètốlố'è nyú.

Mbùbúm ố njí yian é dí ngồm, món á zà bíálế
ẻkôb ế tò nyè ané nkùlán ẻkồbé ngốm.

Mbùbúm ố njí yian é tyè'é bìdí bí télè é ndúan, à zà
wố'ốtán ếdúk, ếyoñ á nga kô'ôlô mìè.

Bityi bifé:

Mbùbúm ố njí yian é bá'átane mebo éyoñ à á tabe é sí, món
à zà bò á bá'áta'ane mebo nálè éyoñ á nga tabe, a víáné bò
ébók.

Mbùbúm ố njí yian é kañese náà, é môte báa nyé bé bốô
ènòñé jíá, a viane kèé nlố mfá'á mbubúm w'á kee mebo,
món à zà víánè tátè é kúlì mebo èyoñ à à bíálè. Mbùbúm ố
njí yian é bốmbồ káyàlé àyàbáàyàp, mètyì mé zà sùáné
món é mís àbum étê, éyoñéte món à à bíálè mís mé tóò nye
bivéle, àné mètyì.

Mbùbúm ố njí yian é bo náà, éyoñ a a nyíin é ndá éziñ, á
dàá àbo dá é ndá ètê, á víáné é beta búlan é mvús, món à zà
bò á za'a bo'obô, a beta'a búlan éyoñe mbubúm w'á kô'ôlô
mìè

Ngômesan ású mìè

Bé ngá bo bé bo'o mingúm mí mam, a dì mìngúm méválé
mé bíốm ású yà é kômesané mìè:

Bive'án:

Mbùbúm ố ne bò ố kúba'ane nyòsáné mékáế mé jáñéjáñe,
ñyánán è vìán, ású yà náà, mìè ố bo ètun.

23

Mbùbúm ố ngá yiane dí bìtétám ábùì ású yà náà, món á ji'a sendè éyoñ a a vám ábum, akk.

Meválé mé mìè.

Zezé mìè

Zezé mìè ě ne áválé mìè é né nà, éyoñe mbùbúm ố tátéyà nà w'á kô'ôlô mìè, món a a bi fífítifífíti, teke'e vé bìbómán áyàp, a kúí éyoñ a a vám.

Mìè ézốná

Mìè ézốná ố ne áválé mìè mimbìáné mí món mí á bò mí bi áválé bíbòmán é né lôté ngúmé mồs, a betá é ké é bi. Nálè a a tabe àyàp, a kúí éyoñe món à à ke vám.

Nkô'ôláné mìè, a mbíáláné món.

Éyoñe míngá á nyòñèyà ábum, abum étè é ntóò ndúu, a é kúíyà éyoñe món á nga yiane bíálè, avál éyoñ étè nde mbùbúm w'á tátè wô'ôtáné mìntáế mí ábíáế, amú món á nga bi, náà a a kốmbô vám. É míntáế mbùbúm w'á wố'éyoñ étè, mmie bí á lóone náa mìè. Ajốte nde bí wố'ô jố nà mìngá á nga kô'ôlô mìè. Nkô'ôláné mìè ố ne bò étun, ngé áyàp. Ố ne bò êtun ngé mbùbúm ố ngá bò ố bo'o mebiañe mé mìè ntế ốse a ngá bè'ábum.

24

Mvámáné món, ntyí'áné ngop,
a njàmán ésòk.

Éyoñe món á mbeme bialè, akondan nde d'a tatè vám, é
bólé. Àkòndan é ne èbùmá é tò áné ényólók, é bìlí mèndím
mé tò abé menyum été.

Éyoñ akòndán é bóléyà, bi nga kômesan ve náà móné fe á
mbéme vám, be nga yabe a kúí éyoñe móné fe à à vam.

Éyoñe món á vámèyà ábùmé nyìá, bí á jó nà món á bíáléyà;
èyoñète b'á bóóné nye nyìá àbum é yóp, bé nga mane tyí'í
móné ngop, a èbaè. Mvús ètè, é nyà mìngáa èziñ ndábôt è
tóo nyé ndi, à á nyoñ èsòk, a ké man é jam, áfóla môte mfé
èziñ a njí yian é yem.

Éyoñe món á bíáléyà mvò'é, bí ne jó nà :

- món á bíáléyà mvò'é, ngé nà,
- mìngá á bíáéyà mvò'é.

Mìngá nnye à à bíáé ; ve món a a bíálè.

Éyoñe mìngá à à bíáé, ngé nà món à à bíálè nálè, bí á lóone
mbòàn óte náà : mbíálán. Mbíálán ótè w'á wó'è meválé
mélá, aná :

- E mam mése bôt befé b'á bo ású yà é vólò mbùbúmé nà
ó biaè mvò'é, m'á lóóbane náà : mbíáláné mbùbúm.

B'á bíále mbùbúm.

Mbùbúm ó bíáéyà mvò'é.

- Ế mvámáné món à vàm ábùmé nyìá, a yén éfúfúbế yá émominláñ éyòñ ốsú, é ñwồ ñhé bí á lóone náà : mbíáláné món. Món nnye à à bíálẻ. Món á bíálếyà mvò'ế.

-   Ế mam mese mbùbúm ốbìèn w'á bo, a é ngùl ése w'á vé, ású yà náà món á bíálếẻ, bí ne lóóbane náà : mbíáếáné món, mfá'á nyìá, amú nyìá a a bíáế món ; ngé na mbíálán, mfá'á món, amú món nnye à à bíálẻ ; ngé mfá'é môt a a vólô mbùbúm nà ố biaẻ, amú môte mfé nnye a a bíále mbùbúm.

Meválé méfála'abíáế

Abíáế jốs

Abíáế jốs é ne ávál ábíáế mìngá à à bíáế bóné fífítifífíti. Ané á sùú móné wùá, teke tabe áàp, a beta é dib ábum afé, teke vé ébómán áyàp.

Abíáế ázok

Abíáế ázok é ne ávál ábíáế é né nà, ané mìngá á sùú móné wùá, a beta é tabè áyàbáàyàb, bé vúávúáné nà a wố'ồ zú a tame bíáế, é mvúse mimbú, bé nga beta teme náà á betàyà é dib ábum afé.

Abónkố'ô yà ếtế Móngố

Món a a yange é mvòñèláné bôte befé, ású yà náà á nyiñe mvò`ế a náñ.

Nkéñélế món

É món á ndôme bíálè nyú, a a lóóbane náà :

nkéñélế món.

Món a loobane nkéñélế a tátè ếyoñ a a bíálè, a kúí ếyoñe ngob j'à ku.

Nsàáné nkéñélế món

Ếyoñe bé mànèyà é tyí'í móné ngop, ngé a ne mónà fáam, benji'injí'ì yà ndábôt, ngé áyoñ, bé ngá bò bé nyoñe nkéñélế món ốtè, a kee wố é ngúmé vốm bé mànèyà é kômesan, náà b'á ke sàá nyè. Benji'injí'i bé ké é tàbé é sí, a nkéñélế món, bé nga mane nyé é saa; èyoñétè b'á sú'úlane ké é keé nye nyìá, nà á tátếè nyée nyíáné mébế.

27

Jé é né nà é saa món?

É saa món a a tinane náà, benji'injí'i b'á nyoñe mòn nněané b'á mane tyí'í nye ngop, ěyoñétè b'á kee nyé é vômè yá ôbema, bé futi món ètók, é bìlí bìbàbé bílé, a mfù'án áválé bíló'ó d'á yian a é bíóm bìfé bíse bí né é vôlô náà món àtè á bo áválé môt b'á sôñ. Bé nga wotane món, étó'ětè été, bé kóbô'ô, bé kála'an, bé sa'a món nyáláné ndóñ mfula'ané a bilók, bé kele'e b'á vémé món bíóm bítè bíse a nyúl ése ; ané bé màné nye wotan étó'ětè nàlé, ěyoñétè b'á vé nye ěyôlě a ndán. Mvús ètè nje b'á búlane ké é kèé nye nyìà. Étó'ětè ébìèn nje fe j'á zu bo é jò'ó b'á ye bo bé wota'ane nkéñélě món ôtè, nté óse nyìà à à bíbane mendím mé jàè, bé wômôlô'ô ve mimfefě bílók a mendím.

Mingá, ané nyìámón, á ntóo njéjàè. A mbìlí beta mebàfá yà ěsáé :

Ñyáláné món

Ñyáláné món ô nè náà, nyía a a vé món mènyáñé yà é tôé jè, é mébé mé; a é méválé mé bíóm mése món à né é dí, ngé é nyú, ású yà náà á ji'a náñ, a bò môt, a ěnyiñe jé é ji'a ké j'á tyéndě, teke'e jôm é né é ndéñélě été.

Mbà'àlán món

Mbà'àláné món w'á tinane náà, teke jô'ě náà món á tàbée mvit; teke'e dañé mòn; teke kañese náà môtěémôtô á nàmbée, á nyoñ a bi món; amú é bôte běziñ bé né abénlém, a metóm bé ne zú é ndámàné món, a mbíà mèzèné mé ndímba.

Ntòñáné món

Ntòñáné món, nálě a ne náà, é bo é mam mése m'á sílíban, náà jóm ěziñ ě bo teke'e jémban ényìñé món àtè, ě tò é jí môt ěziñ yà ndàbôt a né é bo.

Ajóte, a tátě éyoñe nyìá à á nyoñ é món bé mànèyà é saa, nyìá a a yiane nyíà món àtè, teke bo náà món á tàbée zaě ; nyìá a a wotan a wó'ò món, nyìá a a vé món áyóñ a a jále món é méngômesan mé n'ébubut a ayóñ.

Jò'ó món, ngé ná ětó'ó món

Éyoñe món á bíáléyà, éyoñ b'á saa nyé, é bénjì'ínjí'ì b'á saa món bé ngá bò bé kôme món àtè é ngúmé vóm b'á zu bo bé wóko'o, a wotané nyé, Vóm àtè é nye bé ngá bò bé ló'one náà : jò'ó món, ngé nà ětó'ó món.

Jò'ó món é ne bò ntá'án ếté'été bílế, bé màné é talané
mbábán akáế bikon, bé sôố mèndím, bé nga wua bíóm ètê
ású yà é sáế móné mèfúlú ; ế ne ètế'été méwóban ású
mfúbáné yà é nyúlè yà átán, a ètók, ngé ki náà jò'ó
mewotan àsú é mfúbán yà é mbíà méfúlú yà é nyúl ètê ;
amú ế bìlí é mébiañ m'á wosan, a vaa é mbíà méfúlú món à
né bi, é nyúl ètế, a só ábíálế. Nyìá a a yiane wotané món atè
é jò'ó benji'injí'i bé ngá mane yek a kôm, a wóko'o a
wotané món ètế, ngé tyốtyóế, biyoñ bílál môs ốse, ású yà
náà món á bo mfúbán, a teke koné mèfúlú.

Jò'ó món é ngá sú'úlane bò beta èsó, nkômáné míntáñán.

Nkùán, a mbềáné ngop

Éyoñe b'á tyí'í móné ngop, ngabe ngobe jìá j'a lí'ế tìí món
è dóp, ẻ tò nyùmún, ngob ète j'a ke j'a mane kốt é ntế nyìá
à à bíbane jàè, a kúí j'à kóo ; bí á jố ẻyoñétè náà : ngob j'a
ku. Njéjàẻ w'á yiane mómbô, a bemele náà, á ji'a yemelan
éyoñe ngob ètè j'à ku, náà á nyoñe jè, à bà'àlé jè, ế bo teke
jáñ ; amú b'á yiane ké é bề jè, é mvố'ố jề, é vốm é jàlé dế é
nế ; sàá é jàl áfé ése a né é ké é bíálè. Amú à zà bò teke'e
wố'é jàlé dế, a é mvố'ố jề mìntáế, a víáné é bò fuyebe. B'a
jam èsô'ố món, é vốm áse món átè à né é bíáế, ve b'á ke bề

30

é ngobe jề, ve é mvóố jề, a é nlame wế. Ajốte Búlu b'á kóbồ náà : é bề ngop, sàá nà, é jamé ngop.

Ajốte é vốm é ngobe môt ề bèé, vốm atè nnye a né é mvố'ố jề, é jàl ábíálế dế, a é nlame wế.

Ntyéñé món.

A tátề ếyoñe ngob ế kuyà a a kúí ếyoñe món a a tátề tabe, a bok. B'á bo, a kồm é mézèné mése mé né é vólồ náà món àtè á tàbée. Ếyoñ à á ye kúí nà, á nga tabe né bip, ềtám, bí á jố ếyoñ ếtè náà: món á ngà tabe.

Ềbôbo'ó món.

A tátề ếyoñe món à á bok, a tabe, a kúí ếyoñ á ngà yá'ề, a tébe, món a a lóóbane náa ềbôbo'ó món.

B'á tátề aválé biyoñ ếtè náà, bé nga bo bé kele'e b'á kô'ôlane vé nye, é bòné bé bíốm bèfé à né é yế'ề náà, a a dí, tyốtyóề tyốtyóế, bé tò ốveves, a mendím; ve a dañe'e ke ốsú a àbùì nyáñáné mébế.

Ané ntyéné món ố kúí nà ố nga tabe, w'á tabe ntế ếziñ, w'á ke w'á yáế, a bò ngul ábímé yà náà, á nga bo a tátề'ề ké a nyá'ábe, a ngố'ốbô. Nálề á ntóo ndeme náà, á mbéme yá'ề.

Ếyoñ á nga yá'ề, á nga ke a nyoñe ngul ávál á nga bo a

kele'a bi bíṍm biziñ, à nyòkáné tétèlé. A a ye ké a a bo nálè, a kúí éyoñ á nga tébe ètám; bí á jṍ éyoñ étè náà: món á ngà tébe.

Ávál à à ke a yáé̂, a yém, avál étè fe b'á ke b'á sè'ȅ nyé nyáñáné mébé̂, bé kô'ôla'ane bidí, bí á ke bí á tik. B'á ye ké b'á yále nyé nàlé̂, a kúí éyoñe món á nga wulu. B'á ke ȍsú a nyíà nyé, akékúí éyoñ á nga dí nyà ndíáne, á ntóò fe ȅwṍlô ábím á ntóo ngule yà é nyiñ ve a bidí,a mendím, teke'e beta é nyáñ, nálè̂ teke'e ndéñélè nye jȍm ȅziñ ényiñe jé̂. Zia ètè nje b'á tyili nyé mèbé̂.

Ȅtúmé món, ônyelele móngṍ,

(ngé nà ônyenyele móngṍ).

A tátè̂ éyoñe món á tyìyà mèbé̂ a kúí éyoñ émìèn á nga ké a ndañete mìmbíl è minseñeminseñ, bí á jȍ éyoñ étè náà: món á ntóo ȅtúmé món. Ȇyoñ á nga yeme nkóbô ábím á ntóo ngule yà é kañetè é ngúmé jam à à té é yén, bí á jṍ éyoñ étè náà: ȅtúmé món ȅ ntóò móngṍ.

Ntȅ món a a ke a yáé̂, a túlànè beabónkṍ'ȍ bête bése, nyìà a a bìbane mèndím é ngon ôsú, a tò ve é ndá ȅté̂. Búlu b'á jṍ éyoñ étè náà, mìngàa a bíbane jàȅ, ngé nà b'á vísé a a yabane jàȅ, ngé nà b'ávísé nye jàȅ. Mamé yà é jàȅ étè mme bí nga zu tôñ éyoñe jí.

32

Jàè̀, a mamé yà é jàè̀.

Ѐnòñé jàè̀

Éyoñe mbùbúm ô ntóo bebě yà é bíáé̌, bé ngá bò bé kôme ngúmé vôm b'á ye yalè̀ nye jàè̀. Vôm àté a ngá bìlí ѐnòñé mìnèñé mí zam, é ne b'á ye bò bé bíbi'i njéjàè̀ mèndím ètě.

Ѐnòñ étè é̌ tò ñyó'án a mfimé bìsàsá bí ôbaè̌ é mfá'á yà é zàsí, bìsàsá bí ôbaè̌ bí tò fe ñyó'án é mfá'á yà é mfim.

Ávál énòñ é né nkômáné nàlě̂ ású jàè̀ é nde Búlu b'á lóone náà : ѐnòñé jàè̀.

B'á mane sénan é tyia yà énòñé jàè̀ é mfá'à yà énòsí, ású yà náà, mèndím mé bo teke len énòsí, éyoñe b'á bíbi njéjàè̀ mèndím mé jàè̀.

Dí, a ndúàne jàè̀.

B'á kôme dí é mfôm énòñé jàè̀, dí étè é bìlí betà mewut bélál bé tò áné é ntáka'a b'á ye betè vì'é jàè̀, á ntóo dí jàè̀.

Bé nè fe kômé dí jàè̀ áválé b'á télě vì'é jàè̀ é mfômé dí ; ngé nà é fèfélè ndúan.

Éyoñéte b'á kôbane ndùan é mínkôté mébóñé mé nja'à yà bílě̂ bí né áyèt , bí ba'ale'è fe ndúan àyàp , bí bìlí fe ndúan è̌ tò ngul àbùì , ané élôn , abañ, asě̂ , nkok , akk . Bé nga futì fe bòné bisi'i bí nja'a ané atyaka'a, á ntóo ndúane jàè̀.

33

Mvús êtè nje b'á futi ndúan é dí, bé télé vì'é jàè. Bé mbé ngule yà é télé vì'é jàè é mewut é yóp, ndúan ê tò é zàñée mewut, é vì'é jàé è sí ; vé bé ngá dañe bò bé télé'è vì'é jàè, é mfômé ndúan, bebè a ênòñé jàè.

Ntyáéáné nja'a jàè

Bé ngá dañe bò bé bo'o náà, é fáam j'à té é vé mìngá ábum nje j'à zu màné é tyáé é nja'a ése b'á ye bíbì je njéjàè jàè. Ngé a bò teke zú é tyáé nja'a nálè, a a yiane yá'an é bôt bése b'á ye bo èsáé été é séñé jè; a ne bò jam étè èyoñ à á zu yéné mfefè món, ngé ki éyoñe b'á bóé vì'é jàè. Èsáé été é nje Búlu b'á lóone náà : ntyáéáné nja'a jàè.

Vì'é jàè

Vì'é jàè ô mbé ngule yà bò beta vì'étèk, ngé ki beta mìnkéñe, njálán a mèndím, mfula'ané a bìbàb bílé, bilók, a bíóm bífé meválémèvá. Mendímé yà é vì'é jàè m'á yiane bò nyà áyóñô èyoñ ése.

Mbíbì jàè

Mbíbì jàè a ne é nyìáa njéjàè, ngé ki é nyàmìngáa mfé éziñ áse bé tóo nyé ndi é ndábôt été, a é nyè bé tóbèyà nà á bo a bíbi'i njéjàè mèndím.

Mbíbi jàè a a yiane bò nyà mfúbáne é nyúlé jè ébìèn ; ndè fe, teke fulane fáam, é nté à à bíbi njéjàè mèndímé yà é ñyàláné jàè.

Mbíbáné jàè

Mbíbáné jàè w'á síli náà, mbíbi jàè á kôme mòn évó'o, ngé ki mòn ábúí álén, nnye mbíbi jàè à à bo a dubu é mèndím mé jàè, a bíbí dè é wó wé, ával à á fálè mèndím è nyúle njéjàè ó bèté énòñé jàè yóp. Njéjàè w'á ke w'á vesan, a tù'ú nyúlése. Bé ne bíbì njéjàè mèndím, ngé tyótyóé , biyoñe bílál è mòs , nálè , táñe sóndò élá , ngé ényiin . Èsáé été ése é nje Búlu b'á lóone náà : mbíbáné jàè.

Fóne jàè

Éyoñe bé bíbíyà jàè sóndô jìá, bé ngá bò bé bèè fón énòsí njéjàè w'á bíbane mèndím. Nté óse b'á bíbi njéjàè mèndím, fóné ki è yáèk, énòsí. Búlu b'á lóon aválé métíné mé fón été náà : fóne jàè.

Mbóéáné vì'è jàè

Éyoñ é bôt b'á bíbi jàè bé yénèyà nà njéjàè báà món bé
wốnèyà ábím d'á yian, náà bé ntóo ngule yà é télè mbíbáné
méndím mé jàè, Ėyoñétè b'á bo é jốmé Búlu b'á zù b'á
lóone náà : é bốé ví'é jàè.

Mbóéáné vì'è jàè ố ne beta bé mam bébàè.

É beta jam ôsú a ne náà : b'á vaa é bíốm bísè yà é vì'é jàè,
a é jò'ó món, bé mané é ké wuà bìè é fế ; bé vàá vì'é jàế è
mfốmé dí, bé màné é sôp, ėyoñéte njéjàế w'á tôndė
minkpwélé mí ékon míbáé a màné é yámé mìè é vì'é w'á tò
vì'é jàè, a màné é dí, ėtám, mimbế'ė, ngé ntyá'án.

Njéjàè w'á beta mané é yámé mòn ébáfốn é vì'é w'á tò vì'é
jàè. Ané ế màné é bế, njéjàế ố nga ke w'á betė é mbíbi jàế
wế jòm ébáfốn étè é mènyi'ílí mé nyul mése, náà nyúl é bo
teke nyé é táế. Bé bébàáne bé nga mane dí mòn ébáfốn àtè
áse; bé màné é tyam, a vaa é míñyé'éla'a mísè yà énòñé
jàế, bế ké é mané wua é fế.

Aválé mbòáné mame dá yà mbóéáné vì'é jàè, ndè lé.

 É beta jame bàa yà é yem ếtế a ne ná, já'àné ngé é môt a
ngá vé mìngá ábum émìèn nnye a ngá zu màné é tyáế nja'a
jàé, é fáam j'à té é vé mìngá ábum j'a yiané fe màné é zú
yá'an é bìngá bése bé ngá bo ėsáế yà é yalè mìngá átè jàè,
ėsáế jáp, a àbùì ékekaė, a ke a vé be bíốm. Búlu b'á lóoné

fe mbòán ốte náà : mbốếáné vì'é jàề. Bí nè fe lóone
náa :lombô.

Ntúbáné món

B'á tế é métiné mé fốn mé ngá yáế ếnòsí, ntế bé ngá bò bé
bíbi'i njéjàề mèndím, ẻyoñétè b'á mane sik, a fu'ú mè é
mèndím a búanè mè món.
Ếyoñ b'á bò món é mvúan ôsú ếtè, ẻyoñếtè nje ñhé bé ngá
bò bé jố'ồ náà b'á túbé món ; a ẻsáế ếtè ếse nje b'á lóone
náà : ntúbáné món.

Nsàláné món

Ếyoñe bé nga zu bò bé beke'e món ềbôk , ngé é mvús ,
ẻyoñe b'á kee nyé vốm ẻziñ , ẻyoñếtè nje bé ngá bò bé
táte'e kándề móné mebo , ngé ki náà b'á sale móné mebo ,
bé tòốế nyè é mvúsè mvú , abo dá è lí , é dí ávò'è lí , mvú
ẻtò món é mebò zàñ . Mbòán ốte ñwồ ñhé Búlu bé ngá zù
b'á lóone náà : nsàláné món.

Ntyìláné móné mèbế

Ếyoñe món á nga wulu, á ntóò fe ñwốnán, ve a ngénán á
nyáñek, ndábôt ẻ ne tyí'í nà món àtè á tyi mebế.

37

Bé ngá bò bé bo'o jam étè náà :

1. Njéjàè w'á mane sôban, ő nga manè fe fu'é nkáné wé é mèndím métè étế ; a nyóñé mèndím métè, á nga mane búànè món.

2. Njéjàè w'á fá'á món ébé é medaambé, ẹyoñéte món à á nya'étế : ẹyoñéte nyìá à á nyoñe mòn ákók, a bètế dè é mèbí métè é yốp, a jố'ồ náà : é móné wom nnye m'à báné nyù, náà á bo tè túi, ngé é kon é ntyìláné mébế wù ; á nga mane jín a tyia.

3. Njéjàè w'á nyoñ nsa, a màné nye tôndẹ, a sàlế nyè fefélé jìá, a yóóế nsa, a màné é miat é ményáñé yà é tốế jế é nsa àté ètế, a nga màné bubé nyè é ndúan ; ẹyoñ á mànèyà é bế, ané à màné é vóế , a nga bo a vá'á món nsa àté nà á di, a kúí nsa áse à á man.

   Ngé ntyili móné mèbế a bìlí nyìá, ngé ki é môte mfé áse a né é lí'á ba'ale'e món, nyìá món a ne támè é ke é vốmé món à né teke yéné nyè, táñe melú mélal ngé ki a lôt ábím étè.

   Aválé biyoñ étè, Búlu bé mbé bé yeme náà món a a yiane dí ábímé d'á yian, bìdí bí tò mváế a abeñé nyámán áválé bídí ése món á né é dí mvò'ế, à tòó teke túi.

Mam mefé yà é jàề, a ábíáế

Fùmú jàề

Ếyoñe mìngá éziñ à à té é bíáế, a nyí'à fe món, ve teke'e bíbané mèndím mé jàề, ngé é vísébàné mèndím ábímé d'á yian, a ne mané é kốt, á ntóo né fùúum, mvit a abế nyú, Búlu b'á jố éyoñétè náà, mìngá átè á nga kone fùmú jàề.

Àkòñé mètyì

Bôt àbúì b'á zu vak, a é fáam ngál à à té é bíáế; éyoñétè b'á jố fáam ètè náà, é vè bé àkòñé mètyì. Nálế a a tinane náà á vè bé é jốm éziñ é né bo náà, bé fe bé fúláan a bò benyoñe ngabe yà áva'a bìlí amú é mfefế món ố bíálếyà. Ếyoñéte ésàà món a ngá bo a vá'á bôt bétè é jốm éziñ bé né é nyú, ngé é dí.

Mbòán ốtè ñwồ Búlù b'á zù b'á lóone náà: é vé, ngé nà é ya'an àkòñé mètyì.

Èjàwôs

Búlu bé mbé bé yeme náà, é fáam j'a té é vé mìngá ábum, njè fe j'à yiane bo é fáam ôsú bàà mìngá átè b'á yiane tátè é bètá é fulan, nnèané mìngá átè à á mane tyili món àte mebè. Zèn êtè nje mìngá á né é ke ôsú a bíáê ; ngé nálê mómó, abìáê é ne tébe. Búlu b'á jô êyoñétè náà, mìngá átè á ntóo èjawôs, ngé ki náà, mìngá átè á nga kon èjàwôs.

Èdíp

Ngé mìngá êziñ a a té é bíáê, ve mbìà méndím mése teke'e màné é kúí, miñya'è a bòné mintyañ bé ne kúí njéjàè báà món a nyúl êse, ngé ki náà é mèbê, a é fàndáne mebè nyìá. Búlu b'á jô êyoñétè náà njéjàè w'á kon èdíp. Món a ne wú ôkòn êdíb ôtè.

Ábónkô'ô yà êtê Móngô

Móngô a ne ñyê'è mbo yà é bíôm bíse bí á yénè, a é mam mése m'a boban é mbôma'ané à à nyiñ êtè.

40

Ñyálán a ñyé'éláné móngó.

Món á ntóo móngó, a ntóo ve náà bí á yiane yálè nyè a ye'ele nye é biôm bí á bômane nyé, é mam m'á boban, a tátè áfólà sí à á nyiñ, akk ; a áyál à á yiane nyiñ. B'á tatè a é biôm bí né bebè a é mam mé né tyí'íbí yà é wók, tyí'íbí yà é yem, a tyí'íbí yà é bo. Ve ñyé'élán ótè óse w'á boban, bé fombô'ô :

- ókala móngó á ntóo,
- ábímé ngul móngó á ntóo,
- a ábím fe'e móngó á mbìlí.

Ñyé'élán ótè w'á boban a nkóbô, a minláñ, a meválé bísáé, a meválé bìvôè, a meválé mébók, a minkàná, a aka'angàná, a nsòláné ba, a nyìáséséábéme, akk. Ajóte nde b'á kè b'á béte miñyé'éláné ngul a ayáé áyál ókala, ngul a fek, bí á kè bí á bét a kô'ôlan é be móngó, a kúí éyoñ á ntóo èsóé.

Ñyé'élán é bisáé bí á yiane móngó, a é mam m'á yian ókala á ntóo, bé tátè'è a é mam, a é biôm bí né tyótyóé, tyí'íbí, a bebè,ané :

- Minlómáné yà é ndáàndá a é nlam été.

- Mvàán ásùp

- Mvósáné ndá

- Nkaláné biôm é ndáàndá

41

- Ñyemeláné biyôlê bí bíómé yà é ndá êtê, a é bíóm
bìfé bí á bômane nyé bebê

Nkeán a mbòán é méválé mé bòné bísáê yà é mèfúp, mé
yi'an a é zia ôkala á ntóo, ané :

nkôêán ôwôndô

mbè'án a nkàláné bòné bé bíóm

mbà'àláné món akk.

- Ñyé'élán é méválé bìvôê m'áyian ôkala á ntóo, ané:

-Bivôê bí ngu:

- Mebét

- Mmátáné mbí

- Mesiñ

- Medùtúanlóñ

-Bivôê bí fek

- Êmvala

- Bèsòbôsobô

- Nsòláné ba

- Nyiaséséábéme

- Ñwô'áné mìnkàná

-Bìvôê bí áyók

- Bisisia a bemeféméngèlée

-Bìvôê bí ôjíbí

- Njìtáné míntôtôê

- Ndí'áné sólê

42

- Ndí'áné sás

- Nkpwà'án, a ndí'áné mebenga

- É bívồề bí á yé'éle kàá.

- ềvè'á

- ềwos

- njèk

- É bívồề bí á yé'éle ềnyiñé sángulu

- Ềkốkòñ-kòñ-kòñ

- Ñyé'élán é méválé mébố'ố m'á yian ốkala á ntóo, ané:

- mbala, ngé na ềndum,

- ànyèñ, kúnda,

- Nkànán áválé mínkàná, a áka'angàná mongố à né jí'à é wốk, ềyoñe bé mànèyà é timin é jốmé nkàná, ngé ôka'anganá b'á kốmbô yé'éle, náa môt á yem ềnyiñ.

Ôka'angàná ố ne áválé nkàná é bìlì é mòné jìá é môt à à kane nkàná à á bo a belek, é bôte bevó'ó ki bé kañese'é nkàná zàñ.

- Ñyé'élán é méválé mìnsồm m'á yian ốkala á ntóo, ané:

- Ñyế'áné nlámáné mélám mé ánòn, a é méválé mé bíốm b'á belane mé ềyoñ b'á lám ánòn.

- nlámáné beabòốnònố é mebôề,

- nlámáné beabòốnònố é betyà'ále

- nlámáné beaboónònó é mévôm ánòn d'á dí bìkáñ, é mèlén
è sí, ngé ki é mètiné mebôė.

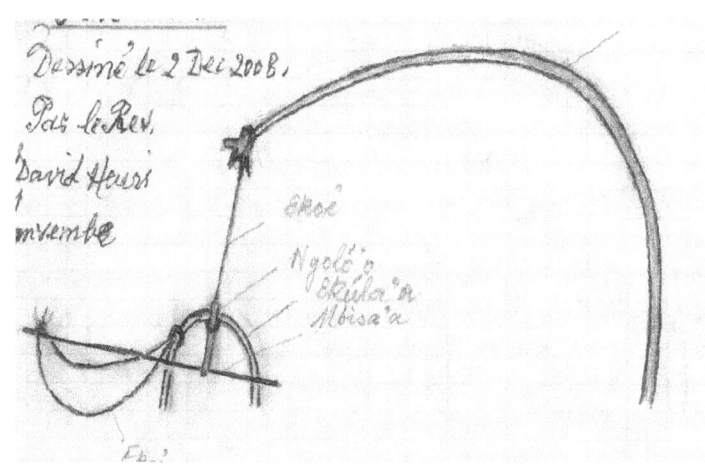

Aboónònó

- Ñyé'áné nkpwà'án, ñyáñán a ñyàáné nkam
- Ñyé'áné nkòmán, a ñwùáné mfàné bìvùndí
- Ñyé'áné nkòmán, a ñwùáné ngàlée
- Ñyé'áné nkòmán, a ñwùáné tólòó
- Ñyé'áné nlámáné bòné bìkùtí, é bìlòbế, ású béfố, àsén,
àváế, bidốn, mìnsèm, akk.
- Ñyé'áné mbố'áné mekui
Ñyé'áné mínnóp, bíốm a mamé yà é mìnnóp Ôfá
Nnóp, a é bíốm bí á sílíban ású ñyóbán ốfá.

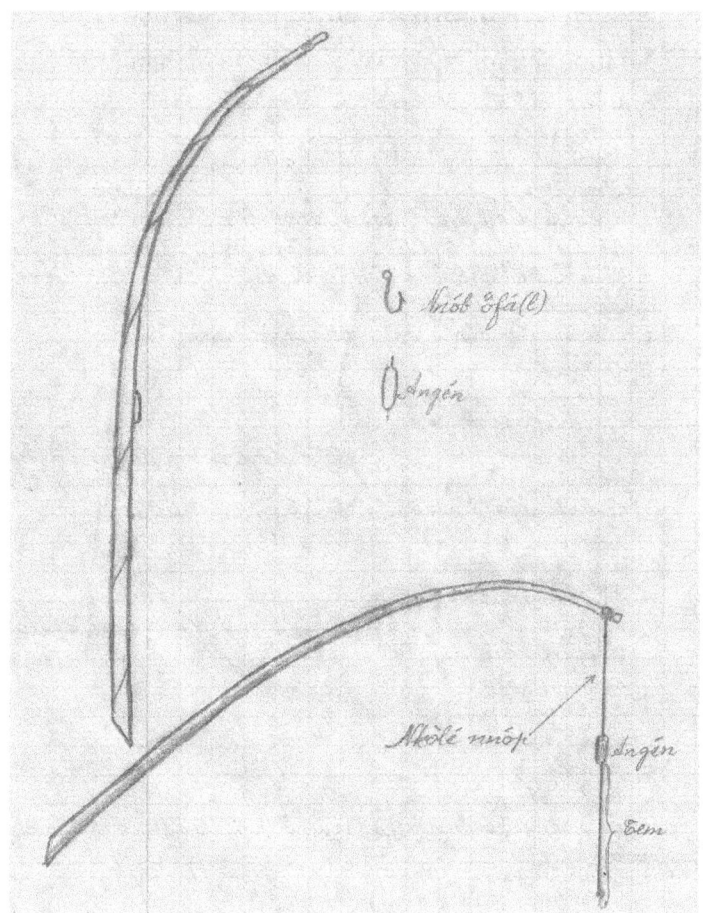

Èlòmbé

Nnóp, a é bíốm bí á sílíban ású ñyóbán élòmbé
Mefôk

Nnóp, a é bíốm bí á sílíban ású ñyóbáné mefôk

Minnób mí álú, ngé nà angbwàmane

Mintyẻlẻ Nnóp, a é bíốm bí á sílíban ású ñyóbáné mintyẻlẻ akk, akk.

Móngố á ntóo fe ngule yà é yế'ề nlámáné mélám ású bòné bétít, akk.

\\

Ôlámé tyíñ ású minlán

Ábónkő'ô yà été Ésóé

Ésóé é ne étabendi, ébeñelà'á nyàmôtô ; ajóte j'á tíndi ayé'é ngômôtô mbòáné bènyà mame bésè yà ényiñ, báa be benyàmôtô.

Ésóé é ne, a tátè éyoñe móngő á ntóo ábímé fe'é né vólò nyè náà á yeme tabe né séèè, a vő'őlô'ô minláñ àbá, éyoñe bènyábôtô b'á láan; ve a tò évő, a nyoñe fek, a nyoñé fe mefek, a atyéñ ású mbòáné mam meválémèvá. Éyoñ á ntóo ngule yà é bo é bívòè bíse, a é bisáé ábùì à ngá mane yè'é à tó móngő báa be benyàbôtô bé tò fúfulu, ndembén à né ké a mane tú'a bì ákômôtő mbòáné yà é mam m'á sílíban ényiñe jé ané nyàmôtô: fáam, ngé mìngá. A a ke ősú a meválé mìnsòm.

Meválé mélám ané ntam. Ntam ő ne ávál őlámé tyíñ b'á lám é vőm bètít b'á wôtė menyőlők, ngé é di jőm ėziñ.

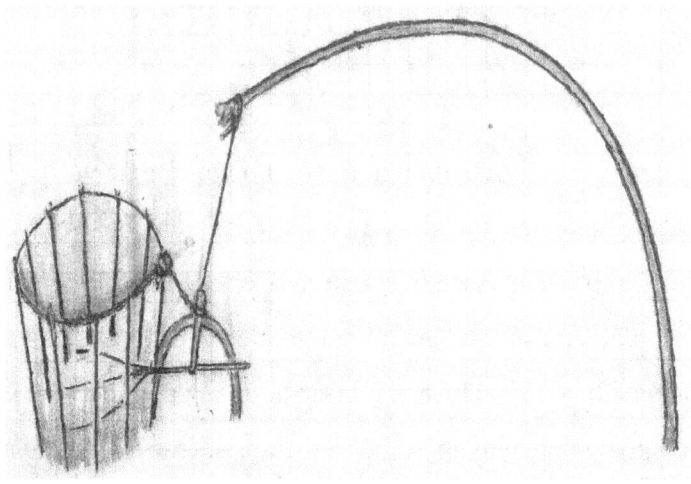

Ntam ő ne é mèngétén

Ané bikùtí

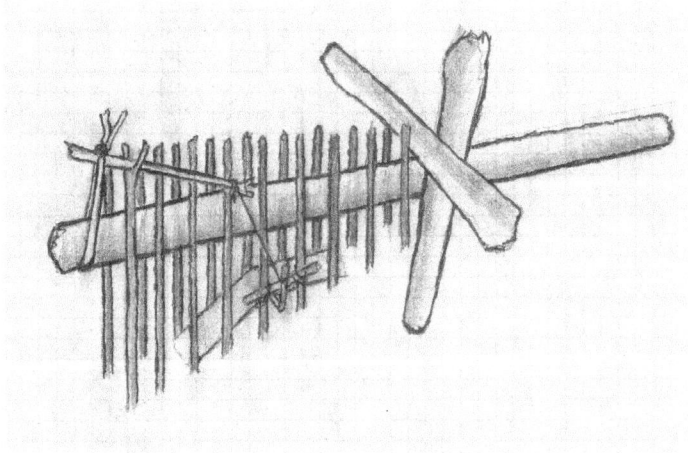

Ėkùtí ású ősap

Melám ané bà'á, ású áválé bétít d'á wulu é mìnkò'é yốp.

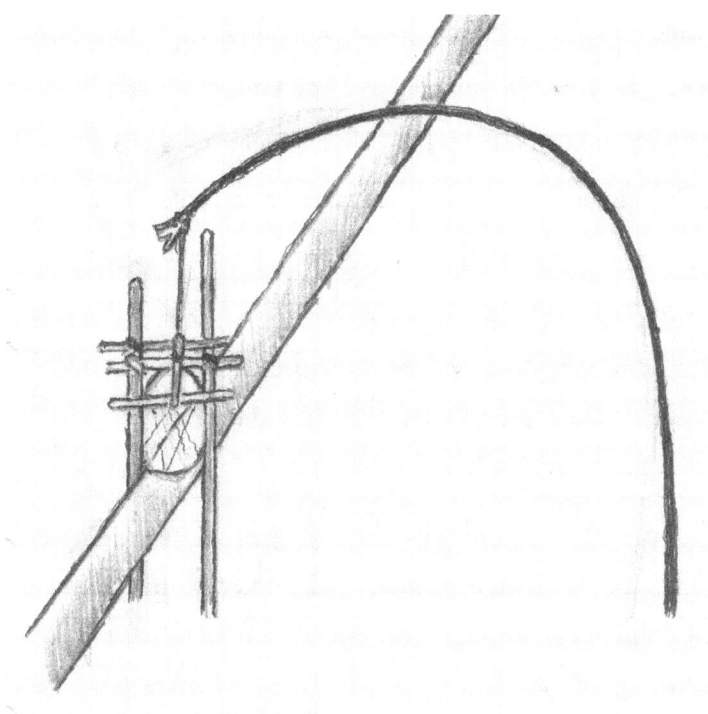

Bà'á

Bìyoñ àbùì móngố a ngá bo a kele'a wulu benyà bôtô
nsámbá é mebo é sí, é bôt bé né bemvendế a nyé b'á ke b'á
sóon é mévốm à á kop ; biyoñ biziñ a ėbôm ếyoñ á nga bo
nkpwálá, ėsas, ngé ki meló a ėbiasė. Ávál à á ke a yáế, nálè
fe miñyé'élán mí á kè mí á tyéndė, a bét, a bò áyáế, a ngul
àbùì, a kúí nà, ếyòñ á ntó ėsóế, a nga bò mam ôbè nyà
mbòáne.

49

Ėkúkúá, ású áyé'ế étế, a ètò nyàmôtô.

Ếyoñe benyàbôtô bé mànèyà é yemelan à tób é bóbéfàam bé kúíyà ốkala b'á yiane kè áyé'étế a ètò nyàmôtô, b'á nyoñe bé a kee bé ếkúkúá áyé'é étế a ètó nyàmôtô áfan étế, bé ló'one bóngố bétè náà : bìbín, ngé nà bìbís. Nálě a a tinane náà : é bá bé njí támè é yemé jốm èziñé yà étế, ètò, a ếnyiñé nyàmôtô.

Mfá'á mónà fáam, ayè'ế étè é ngá bò é boba'an áfan étế táñe melú mèwốm mélá, ngé ki a lôt ábím étè.

Benji'injí'i bèziñ b'á vaa bóngố bétè é nlam, a jáñ, báa be bé, áfané mam mé ndímba étế, náà bé ke kômôtô bè, áfan étế wồề. Bí á lóone mbòán ốtè náà : é kee bibín ềkúkúá, ású áyé'é étế, ètò, a ėnyiñé nyàmôtô.

Ntế b'á bò bibín mam métè áfan étế wồề, mètìñ ású é bôt bésè b'á lí'ì é nlam mé nè náà :

Môt áse a a yiane sá'álè é jốm ése ế né é zuu nsém è nlam :

Tè wốế môt.

Tè bo é jốm èziñ ế né é mbía mbòán yà é kúli môt mètyì.

Tè bo mintáñété, ngé é váñè tyà'á bitom.

Tè bo mejían a mồs

Tè bốmbô a é môt mía nyé mí n'ábíálě ngé ávúman

Tè bo é jốm ésè ế né é ndéñélè é môte mbó'ó mfé éziñ, akk,akk.

Éyoñ be kíyà kúí áfan été wòè, bé màné é lóñé beta ėsam, a kôm é vốm b'a zu nyiñ. Benya bôtô bé mànèya kômesan áválé miñyé'élán a è méválé mé mam b'á zu bo, a ye'ele bibin. Mam métè mé dañe'e nàmbè :

É míñyé'élán a é mam m'á ndôñôlô a tômôlô ngule minsôn.

É míñyé'élán a é mam m'á ndôñôlô a tômôlô ayó'ó nlém.

É míñyé'élán a é mam m'á ndôñôlô a tômôlô ngule ntyí'án yà nlém.

É míñyé'élán a é mam m'á ndôñôlô a tômôlô ôjibi yà é bò jam ése, a kúí éyoñ é bòbánèyà áválé d'á yiane boban.

É míñyé'élán a é mam m'á ndôñôlô a tômôlô nya mbòndáné fe'e a nyà mfasané mame.

É míñyé'élán a é mam m'á ndôñôlô a tômôlô nyà mbòáné ngômôtô, ású mam mese yà ényiñ ; nkúlán a ñyé'élán é mam àbùì mé né ndímbà ényiñ.

Ñyé'élán é bídó'ó bí mamé yà álúk, ñyèmán, mbèlán a mbà'àláné mìngá.

Ñyé'élán é beta bídó'ó bí mamé bí né ndímbà yà ényiñé yà ndábôt a áyoñ.

Ñyé'élán, ntốmốlán a ndòñòlán ávál ósímésán d'á síliban éyoñe môt á nga zu láñéban é nsámbá bènyàbôtô, a é mam Mòné Búlu à á yiane yem, a búni mfá'á Zàméyomebe'e mé Nkpwàévo, Sí Émominláñ, a ènyiñé fufulu é zàñée bôt.

Ajóte : B'á bo mìnsǒm, áfan été wǒè, ndembén bé né é bì é bíóm bé né é dí. Ngé bìdí'a bí nga jémbane bé, èyoñéte benji'injí'i bémvón béziñé yà é bá báa be bibín bé né àfan été bá ke jéñé bìdí é nlam. Aválé biyoñ été é nde bé ngá bò bé kele'e b'á váné bìwólò bikon, ású ábó'ó Só.

Nde é mbé nà, èyoñ aválé benji'injí'i bémvón été d'á zu suan é nlam, b'á zu b'á béndè, náà : Èyêéè! Èyêéè! Èyêéè! Èyêéè! Etyi, bibín tè yéné bè. Ngé bé bì kábat, náà b'á ke dí jè nté bé née bibín áfan été wè, é môt a née kábat été teke'e jó jóm.

B'á bo bé bisisia, a é bíóm bí á síli ayók, meválémèvál a mèzèné mèzén, ású yà é yemelan ábím áyók, a ábíme ngule nlém môt áse yà é be bé á mbìlí.

B'á bo bé mam, a vé be mèvè'èle meválémèvál a mèzènémèzén, ású yà é yemelan ábím ójíbí a ábíme njíbán môt áse yà é be bé á mbìlí

B'á bo bé mam, a vé be mèvè'èlé a bisáé meválémèvál a mèzèné mèzén ású yà é yemelan ábímé ngule minsôn a mbane môt áse yà é be bé á mbìlí.

B'á lítì a yé'élè fe bé mìnsòláné mí mam miziñe yà é mefan, ngômesan a mbòáné mìnsǒm meválémèvá.

B'á lítì a yé'élè fe bé mìnsòláné mí mam miziñe yà é ndábôte jè ; áyoñe dé, émominláñ a é be môtabinam.

A b'á tú'à fe tébélè bè áválé b'á bôme bíốm bí ábố'ố Số, a
yià bià bí Số, a jém ábố'ố Số. B'á lítì fe, a yé'élè be
metìnán, ngé na mesùú yà é mam mése m'á boban ábố'ố Số
ẻtế.

Nde é mbé nà, éyoñ bìbín bí ntóò ékúkúá, a bôt bé yange'e
náà abố'ố Số d'á zu, bôt bésè yà nlam bé ngá yiane nyiñ, bé
ba'ale'e bityi, mbie bí né mètìñé mé Số. Mètìñé mèvó'ó yà
ẻtế mé tò nà :
Teke'e bò bitom, ngé é kúlì môt mètyì.

Éyoñ ábố'ố Số é ntóò é nseñ, já'àné z'áthál ébubua jàmè j'á
kúí, ngé é boban, é môt à á bôme nkúlé Số a ne teke'e tèlẻ,
ngé é jô'è mbồmáné nkúlé Số.

Benyàbôtô, benji'injí'i yà ésamé Số, ẻtám, mmbè b'á dí
mèvòñé mé Số.

É mồt áse mía be nyé mí á dí Số fùfulu, tè bo aválé môt éte
njóñ, amú mía nyé mí ntóo avusố.

 Bóbébingá bé bé ngá bò bé nyoñ áyé'ế dáp, a ákồmốtố
dáp, é be benyà bìngáa, é nlam.

-Nkà'án Abố'ố Số, asú nkúláné bémvốn.

     Éyoñ é bènyàbôtô bé ngà ke yé'éle, a kômôtô, a
tốmốlô, é bóbéfáam bé ngá kee bé áfan ẻtế bà, bé mànèyà
bò be mèvè'èlé mèválémèvà, bé yénèyà nà bé ntóo nkồmán
ábím d'á yian náà bé kpwèlếẻ bé mvốn, avál éyoñ éte nde
bé ngá bò bé ka'a beta abốk, náà bé kúlíi bìbín bítè, bé bo'o

beta nsula'ané, bé ló'one nyé nà : Abô'ô Số. É nè, é bibín
bíse bí mànèyà é nyoñ áyế'ế yà ếtế, a ếtò nyàmôtô, bí ngá
bò bí sóndô'ô mèvè'èlé mése yà áfan ếtế, ású yá é ké kúí nà
bé tyí'íbáan a kpwebané mvốn, é beta nsula'ané átè ếtế.

   Ve, abô'ô Số é tò áné a akítí, b'á nyoñe bìbín a alú,
jíájíá, bé kélée jé, ětám, é ngúm áválé zèn. Mam a bíốmé yà
é zèné bí á jôô jè nyú, bí tò ngúm áválé ntá'án, a ngúm
áválé nkômán: àbùí mìnsòláné bisisia, a bibubua bí mam
meválémèvál bí tò zèn ếtè. Benji'injí'i bé mànèyà é ké b'á
kôm bíốm bítè, ású yà náà, bé yem ngé bìbín bí ntóo ábím
áyók, ábímé ngu, ábím ộjíbí, a ábímé fe'e bé né é nyiñe dé,
bé bo'o mam ané é bènyà béfáame bé né é tabe bée ndi,
éyoñe beta jam ěziñ, ngé beta ěbubua ěziñ, bí á kúí. Nálě a
vólô'ô náà ěbín ěziñ ế bo teke'e ké é kúlì be ôsáme éyoñe
b'á ke sóndô a é mévè'èlé mètyì m'á dañ ayáế b'á kándane
ké é bi é nlam. Nálě a ngá bo a bo'o náà, ěbín ěsè j'á túp,
ngé é yốn a ěbubua ěziñé yà é bíbubua bí mam j'á yén, ngé
é tốbane bíé é wồè, á kùyà. B'á titan avál ébín ětè, ětếětế,
bé vaá nyè é nsámbá yà é bíbín b'á kee bíé Ábố'ô Số.
- Á ntóo ávál ốsóné jam môt a né é wúu dé. Ve aválé jam
ětè é mbé áyáế ábùì nà é kui.

Nlóñán Èsamé Só

Mfá'a yà nlam, bé ngá bò bé tátè'è mané é lóñé beta èsame mfé é nlam, bé ló'one beta èsam até nà: Èsamé Só. Beta èsam mélén a bìlí àbùì méválé mévômé bôt bé né é ké b'á tabe : bìnòñ, bityí'ítí, bibóñétó méséñ, bekpwáa, akk. É ne bôt b'á ye màné é ké b'á tabe été éyoñ abó'ó só d'á sulan. Nji'injí'i áse a tò énòñé jé, a yé'e é kòndé.

Ènòñé mìnnèñ

↓

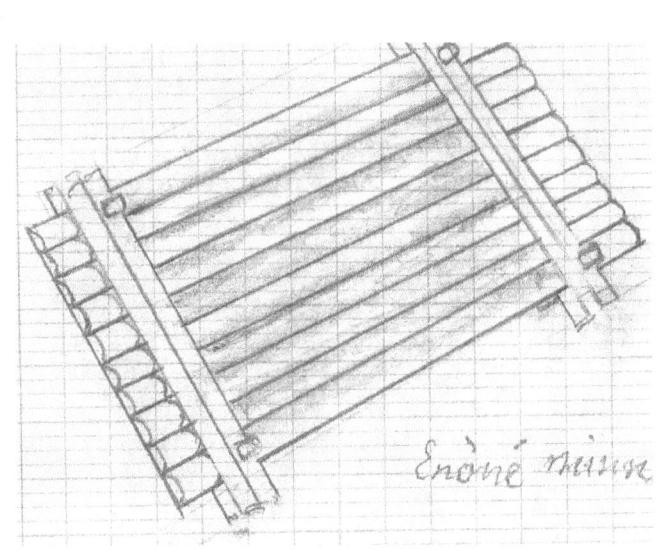

Ènòñé mìnn

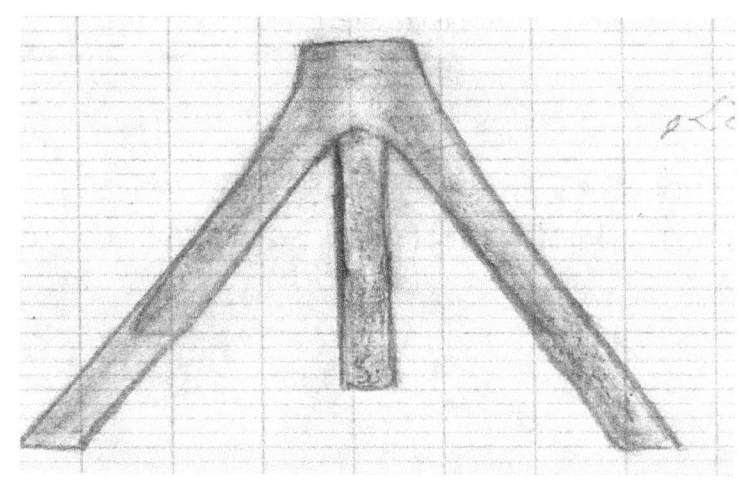

↑Kòndế

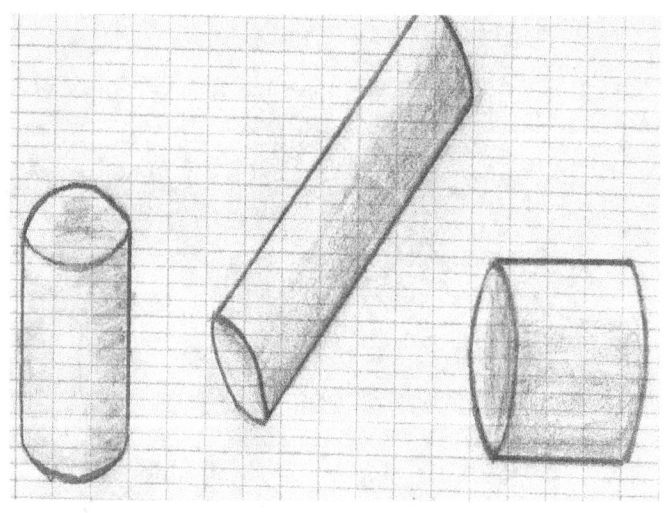

Bidí bí Ábő'ő Ső

Ếyoñ abő'ő Ső é lí'íyà álú dá nà b'á zu bò beta abő'àtè, b'á
ka'a nsồm ábíőm, bé ké é wőế ső, ané bé zú é kúi ső ếtè é
nlam, vévee, bé màné é fá'ébế, bé tyí'í ső ếte tyíñ, ndibé
tyế. Ế métyì mésè m'á kúì ső è nyúl mé sô'ô ébế ếtè ếtế.
Ané bé màné é bà ső ếtè, èyòñếtè ñhé b'á kee je
benyàbìngáa nà bé yam. Ve bingá a bóngő bé mbé ếtyi teke
tyè'é já'àné ve nkú yá é ső ếtè, amú mìngá, a é bóngő bé
ngénan bibín (bìbís), bé mbé ếtyi tè dí ső, ngé é su'ì bikoné
yà é mvề ső. Amú jam étè é mbé nàlế, nde Búlu bé bìlí
nkàná nà: mingá à á susu'i bikoné yà é mvề ső ; ngé ki nàà
móngő à á susu'i bikoné yà é vì'é ső.
Mfá'a yà é bíkon b'á ye díi bíè ső, benji'injí'i bèziñ bé ngá
bò bé tátè'è màné é ké b'á ván é bíkon b'á ye yám ané bìdí
bí Ső, bé kele'e b'á lúme bie bibaè é minkuk, ndeme yà náà
bí ntóo ntélán ếtyi ású Ábő'ő Ső. Nálề a a boban nté ếyòñ
őse bibín bí né ếkúkúá, amú b'á yiane kômesan é bíkon b'á
yiane dí ếyoñ abő'ő Ső d'á ye boban. Ếyoñe bé bèmèyà átín
ếkon èziñ èbaè é nku'u nálề, zezè môt ếế mbè kì fe è bìlí
ngul ngé nkàñèsáné yà é bètá é kpwẻẻ, ngé é dí é nsá'ếkon

w'á só ávál átín ékon étè, amú aválé nsá'ékon été é ntóo
ntélán étyi. Bemvón étám mmbè bé mbé ngule yá é dí ávál
ékon étè.

Éyoñ é mòs abó'ó Só ó kpwáánèyà nàlé, é bénji'injí'i bé
ngá kee bibín àfan bé ngá bò bé só'o bíé àfane wóê bí téle
nnoñ; èbín èse é bè'é mòné mfátá'óbôm, é bètéyà é jí é téle
jé ósú mó mébààne é bìtú ; èbín èse, nkpwé'áné nyúl a
mfù'án mébí mé kábat mfula'ané a bilók. Éyoñe b'á suane
bíé é nlam, náà bé ke nyíñílì bìè é vóm bí á ye yange náà
b'á ye beta é zú nyoñé bìè válè, náà bé ke nyíñílì bìè ésàmé
só été, bí á só, bí wulu'u jóm àné mòné mbí; é bénjì'ínjí'i
b'á sóo bíé áfan été b'á zu b'á béndè náà: Èyèéê! Èyêéê!
Èyèéê! Èyêéê! Éyoñé bíbín bí á só áfan bí á suané nlam
nálè, é bôt bése bé njí bò bèmvón, a bóngó bé njí yian é
yéné bè. Ajóté bé ngá bò bé su'an é nlam nálé, ndibé tyé
ábùì, éyoñ é bôt befé yà nlam bé njí é yem; bé mane be ké é
solè ngumé vóm. Bé nga yange válè.

Éyoñe mam mése mé ntóo nkómán ésam été:

- é bémvón bésè yà áyoñ,

- ć béyéñ bémvón bése b'á te zú é tabe ábó'ó Só,

- é bôt befé bése b'á té é zú é yén, bése bé ntóo ésam été né
tam-tam-tam; né kôlôm, né nat.

Awúbi é nga jó.

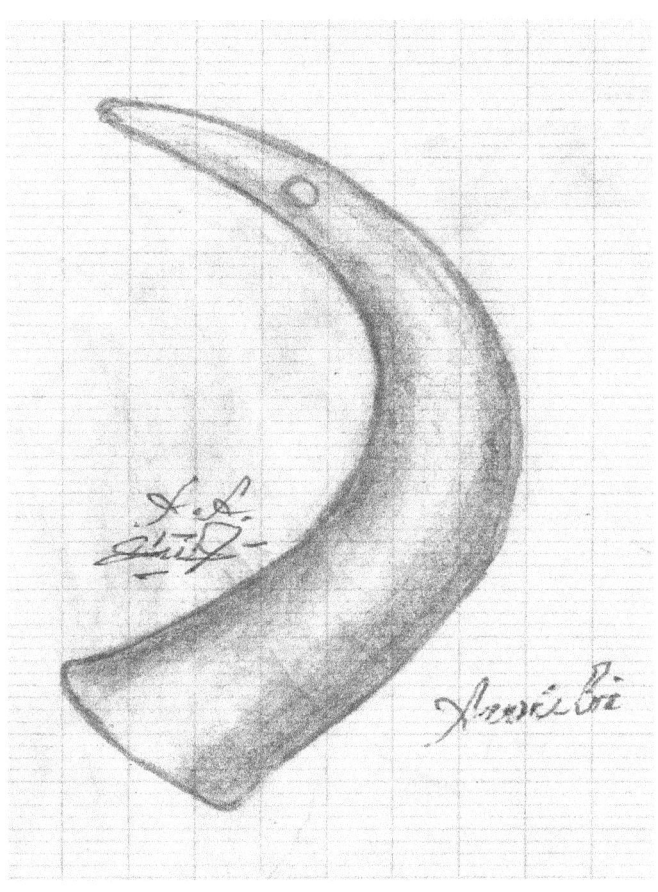

Awúbi

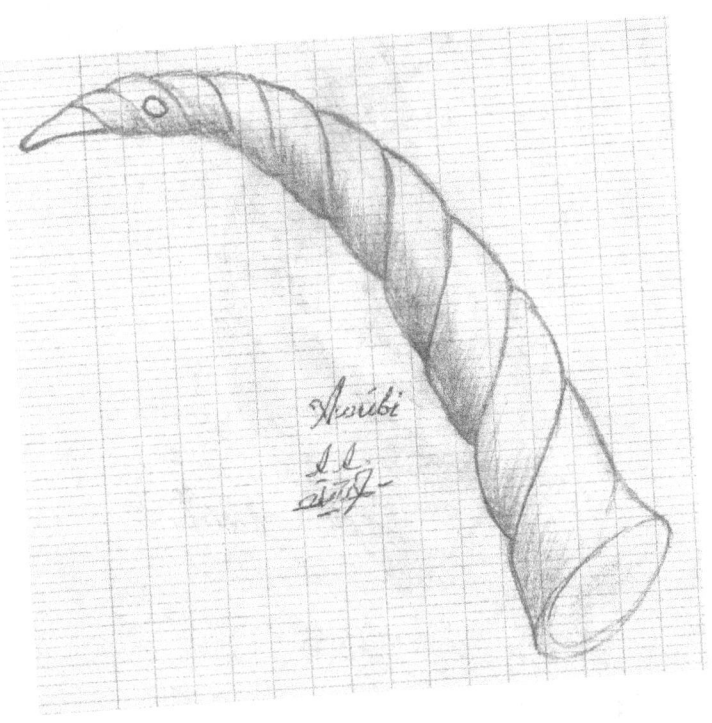

Awúbi

Nkúl Abô'ố Số ố ngètán, ố tò nkúl ésána'a. Nkúl ốtè w'á
bômban, teke'e tébe: já'àné jế j'á bo; já'àné jế j'á boban,
já'àné jế j'á kúí, já'àné bìtà. Nkúl ốtè w'a ku ėvốl ve éyoñe
mam mésè yà Abô'ố Số mé mànèyà
Nnėané nkúl ốtè w'á ngetan, mòn ḗtun séñésan , é
bénji'injí'í bémvốné yà áyoñ bé ngá lí'ì nlam, bé nga
yoñelan ésam ḗtế, nji'injí'i áse a bè'é beta nkán ốbôm, beta
ėbốbòté è nlố, beta ntúmè é mó, minsóế minkuk, minsóế

60

mebo, nyúl né kpwé'ékpwé'é, a meválé mé fém, a mvíla'a, ngé nà fín. Ôbòmfék ô tyèlé kóma'ané.

Èsam é tò né limiti, bôt bèziñ b'á ke b'á béndè é môé mésé'ésá'á bénji'injí'i b'á suan. Éyoñ é bôt bevó'ó bése bé ntòó né ndibik, to'o nsóñ, teke fe tò'ó môt èziñ ábum ; ve ané é bôt bé né è mèkúa.

. Benji'injí'i bétè bé nga mane ké b'á tabe, môt áse è mévôm mé né nkòmèsán, a nkòmán ású nji'injí'i áse. Ané bé màné é kômé é tabe é sí, èsam ése é nga yange.

Awúbi é bètá é jóé.

É bénji'injí'i bé nga mane kee bibín àfan été, é bá bé ngá ke màné é yé'éle, a ve'ele bìbín àfan été, bé nga vám é mfá'èsam ôvók, be bè'é mìnjáé ané é bénji'injí'i bèvók, fa bá àkòñé è mó, benji'injí'i bé bè'é bemeféméngelée ; Èsam é tò né mìéññ, né mìètété; ané éyoñ b'á té é wuà bèngôé mbéñ. Éyoñétè nje ñhé é bíbín bí á té é só áfan bí á kólô é vôm bí á sòló, ébín ése é mbìlí é nji'injí'i a né é ndôñôlô wè. Ndôñôlô até a tò wùá yà é bá bé nga yé'éle, a ve'elè bè áfan été.

Bibín bí á zu bí á wulu nnoñ, môt áse a téle é nyúmbó'è mvús, mó mé bête é nyú á né nyè ósú è bìtú, nyúl ése né kpwé'ékpwé'é. Benji'injí'i bétè b'á zu b'á béndè bé é

61

mefefélé nà: Èyêéê! Èyêéê! Èyêéê! Èyêéê! Mmbè ñhé lé b'á zu. Be-êkùm, tè si'ane nkulu! Be-ajimbi-bikùmú! Be-zip, te mebún a mbénké! Mèdùùlú!   mmbè ñhé lé b'á zu! Èyêéê! Èyêéê! Èyêéê! Èyêéê!   É bénjì'ínjí'i bémvón báa be bé bé ngá tò áfan été bé ntóo bendôñôlô bibín. Ndôñôlô áse a wulu'é fèfél êbíné jé, a a zu a tômôlô jé, a kúí éyoñe b'á vásan ésam été.

Bé nga mane ké b'á tabe é mévôm mé né nkômán ású mòt áse yà é be bé, êbín êse báa é nsúñulu wê, ngé nà é ntômôlô wê, ngé nà é ndôñôlô wê. Êsam é ne né limiti, mesis mé bii bôt é nyú, amu é mévè'èlé mé mvón m'á sú'úlan, mé tò njet, mévè'èlé mètyì mé nga zu táté.

Mòn étun séñésan.

Beta nji'injí'i wùá yà é bá bé ngá ke yé'élè bìbín àfàn été a nyòkáné tétèlé, ésam é zàñ ; nyée bôte náa: mí vúmáàá ! Bôt bése náa: Ô vúmáôôôô!

Bi ne é nsùlà'àné bí né vàná déne nyù, náà bí kúlíi é bíbíné bí, náà bí bo bemvôné bé Só.

Bé mànèyà é túlan é mévè'èlé mésè yà áfan. Á lí'íyà be éyoñe jí ve é beta meve'elé mébàê m'á sú'úlan, nalê a ne náà: ntyí'án átyè, a nkpwèláné mvón.

Éyoñ é nkóbô wú w'á boban, éyoñéte bé mànèyà é ké b'á fá'á bone bíbè, nnoñ é nseñ, mfá'á b'á zu tyí'í bìbíné mètyè; amú, a kui éyoñétè, bìbín bí ngénan minsôso. Ajôte ébín ése é bìlí édò'òbé jé, é vôm b'á zu tyí'í nye atyè, bé kpwèlé fe nyé mvôn. Éyoñe nji'injí'i á mànèyà é lítì é jam b'á té é sulane dé, bôte bése bé lí'í bé tò é sí, ésam été. Éyoñéte besúñúlu, ngé na betômôlô bibín b'á kôlô ésam, minnoñ, ntômôlô áse bá ébíné jé, a bìlí jè é wó. Be nga kee bibín é ngumé vôm ô né nkòmán ású ébín ése.

Ntyí'án átyè

Ébín ése j'á ke kooè náà, mòn ébé á ntóo mfá'án, má'à mé ndúan m'élón mé yôñôk, mé tò é mòn ébé átè ètè; mòn étyí'ítí a bôô e mfôm é mòn ébé áse yà é bone bíbé bé bìlí ndúane bá, mekáé mé ábòménjáñ mé bôô mòné mbom é fèfél é vàlé. Bé tòóé ébín ése ébé é né nkòmán ású dé, nsóé né kéñélé, mebo mé téle é mefèfèlé mé mòn ébé; mòn ébé a yôñe nyé ndúan é mebo é zàñ; é nsúñúlu wè a téle nyé é mvús, é mó mé mé bête ébín è bìtú, a tômôlô'ô nyé, a vá'à nyé ngul é nyú, a ayó'è nlém.

Ésam ése é ne né limiti, melô mése ve mfá'á b'á té é kee bìbín è lí. Mbíáé áse ve nlém ô tyèlé é yôb éyoñ é mbíáéáné móné wé ô né é nsámbá bíbín. Biyébé nà ye món a ne ké é

63

yốn, amú átíñ é mbé nà ềbín teke yốn é mam mése bé né é bồ nyè, amú ngé á yốné, be titane nyè, náà a ne zezề jốm. Á ntóo ềwoềvioề, a teke' é môt à á beta lañe nyé é táñ àyoñ ếtế. Ôsón!

Ểyoñe bìbín bí mànèyà ñhé é tabe é bìbế yốbé nàlế, ềyoñếtề ñhé betyí'i mètyềlé b'á suan, môt áse yà é bè bé a bìlí njèbàn ềbaề ngé ôtyềnjềñé binyi'a, àsúp, a mònế nkòlé è mó, báa é ñyế'ề wề nsámbá. Ểyoñ bé kúíyà é vốm ềbín ế tòó, ếbế yốbé và, ềyoñéte ntyí'àtyềl à à tátề mané é wó'ò ásùbé ềbaề, a nga bi ềkôb ású ếsôsol ếbín, á nga ke a tíndi asú ếsôsol é mvús ềkôb ếtế, a kúí é zia a á yeme náà á ntóo ngule yà é tyí'ềkôb ású ếsôso, teke'e nambề ếsôsol ềbìèn, ve a vaa abím ềkôb d'á yian, náa ềsôsol é yénếề abeñé ntyí'án. Ểyoñéte à á kañ àsùb áfốlà ếtề, a tiñití nkòlé ngul ne ngbwís. Ểyoñéte à á bi ếsôsol é vốm à à té tiñití nkò, a é wó yà mbóngá, ềsôsol ếse ế tò nyè é wó ếtế, ve é ntóñé jáế yà nnốm ốnyù yà é wó ố bìlí ếsôsol ố bèmé áfốla nkòl ố tìí, é zàñee nkò, a nkàñán ásùp ; áválé yà náà ềyoñe b'á ye tyí'ềkôb áfốla àsùb é né nkàñán, é jốmé b'á tyi'i jé : (ềbaề, ngé ôtyềnjềñ), ế bo teke'e nambề ású átyềl ềbìèn. É mvólồ wề ki a lìmíti'ềkồbé yà ású ếsôsol é mfá'à yà ốsú.

Ntế ốsè wú, ntyí'i mètyềl á nyálề'ề mekáế mé ốnóñ, mfula'ané a ndốñ ányù ếtế. Ểyoñe bíốm bítề bíse bí ntóo

mboán a nkòmáné mvò'é, èyoñéte é môt a a vólô ntyí'àtyèl
à à bi ékòb átyèlé yà ású, a límíti'i mònè jòm.

Èyoñéte nje ntyí'àtyèl à à tyí'ékôbé yà ésôsol ébín, èyoñe
jíàjíá né víás, a ôtyènjèñ, avólavól é ndúan é yóp. Bé wùà
étun ékôb ésôsol é ndúane metye'e m'élóné nyùná è yóp,
mètyì yà átyèl mé ngà tóé é ndúan été, ntyí'àtyèl á nga ke a
vémé nyáláné mékáé mé ónóñ, mfula'ané a ndóñ
átyeléatyèl a jó'ó náà : Mé tyí'í wò tyík, mé sone wò son !
Ô ne válè, ve ndúandúan, ayóñ àné dá'à élòn. É mìngá áse
w'à nambe a a ku ve èlóñèlón. Mìngá tè dôngane wò. É
Meja mé Ngane a né è bèkón a a wó'áné m'à jó ; ngé ki
náà : Èkó'ólá Ngàné á né è bèkón, a a wó'áné m'à jó. Nté
ótè óse, ayóñé ndúan èlóñé ki é kele'e d'a jimbi
ésôsolèsôso. Bé nga mane jále ébín mbabané mèkáé mé
ábòménjáñ, mé fàné é nkòl ó tìí nyè ángétéñ, bé màné fe
vúl ésóngò, bé búti'i ésôsol ású mìnlò. É mam mése má, é
nsúñúlu wè, ngé nà é ntómólò wè, a sú'ù nyé é mvús, a
súñúlu'u nye, a va'a nyé ngul é nleme na, á jibii é betà
meve'elé m'á dañ ayáé métè, teke'e tat, amú á mbéme man.
Amú ngé á tàté, wònáà á mànèyà é sámélè é ndábòtèè jé, a
áyoñe dé ése. A béndè'è nyé é mèló, kóm ése náà : Ô ne
ñyóyó'ó fáam, jíbí'i, á mbéme man.

Ané bé màné bò é mam mésè yà ntyí'án átyè, bé nga mane
jín ébé, ntyí'án átyèl ó màné.

65

Nkpwèláné mvốn

Ané ntyí'án átyèl ố manế, nkpwelẻ mvốné ki a sùán, a bìlí ốtyènjèñé è mó, a ké é tébè ẻbín è mvús, ntốmốlô ki a ké é tébè ẻbín é mfá'à yà ốsú, a bìlí nyè, a sú'ù fe nyé ; a kele'ốsú a ve nye ngul é nléme nà á jíbíi, teke'e tat ẻyoñe b'á zu kpwelẻ nye ndòlée mvón è dó. A jố'ố nyé nà : B'á à kékat akua é nga ke é mvák ! Ndé fe náà : món a a kekame zú é bú'ì é jék ! Jíbí'i, a nga zu man.

Nkpwelẻ ndòlée mvốné fe, a a zu a nyálẻ ndốñ, a biló'ànyu ẻtế. Ẻyoñ á mànèyà é kpwelẻ nye ndòlé è dó, nálẻ a ne náà, a a mane tené nye àyàbé mimbà'á mévéñé mila, ngé a lôté mílál è dó, mí tìí é vốm ẻsìlé j'a sú'u, è dól è yốp, a kúí é zia bitúlé bí á tátẻ, Ẻyoñéte a a mane sàá nyè nyáláné ndốñ, a biló'è mèvéñ. Ngé mam métè mése mé mànẻ é boban, ẻbín teke'e tat, ngé é sámè zèné fé ẻziñ, awúbi é jốẻ. Ayángá é nga jố.

Bibín bí mànèyà é kpwebàné mvốn, mvò'ế ; bé ntóo bemvốn.

Ntyí'án átyè, a nkpwèláné mvốn bi mbé é betaá biyoñ mètyì mé ngá bò mé kúik; bì ngá bò bí boba'an ve e mvố'ô môt, é vốm é ngòbè jề ẻ bèẻ, sàá ki jàl áfé ése, fó'ó ve é vốmé bèẻsàá bé ngá mane tóp, a kômôtô náà, á ntóo é mvố'ố jàp. Amú ẻyoñ ẻtè ẻ mbé ẻyoñe fáam ése j'à bo ẻlaté

66

mètyì a sí, náà vốm àtè nnye j'a yéméte ébìèn a é sí j'à
nyoñ, a min é métyì mé, é vốme fe è ngá tame mané é nyoñ
é má é bémvámbá bế, é bìmvám bíế, a beếsàá.

Éyoñe mam métè mése mé mànèyà ñhé é wulù mvò'ế,
mevak a mefôn bí ntóo. Minlém mí bốmbốyà bôt bése é sí.
Mevak mé nga yiane lítíban.

Meva'a métè m'á boban a beta bé mam mefé mé kele'e
suan é bilat.

Ndíáné bídí bí Số
Awúbi é bètá é jốế.

É bényàbìngáa bé ngá mane yámé bìdí bí Số, bé mane
é zú é télế mèvì'ề bídí bí số mése èsamé Số ètế. Befáam
mmbe bé nga bò bé suki'i mvế bikone bí số, ané bé màné
tátề é vàá mèvóñé mé số mése, bé ké é télề mè é vốm
benji'injí'i b'á dí mè, bé nga kab é bémvốné bésèsé'é b'á té
é tabe ábố'ố số éte bidí bí Số bítè, já'àné é bémvốné bé Số
b'à só é méyoñe mefé m'á bôman; bé nga kabé fè bé títe yà
é mvề số ; bôt bétè bése bé nga dí bìdí bí Số bite bìse,
fúfulu a mimfefề bémvốn.

Ve jame dá, é bôt bése bé nga bò bé kabe bidí bí Abố'ố
Số nàlế, bé ngá bò bé nyoñe ngum ếyòñé yà é tátề é vé

mimfefě bémvǒné tít a bikon bí Sǒ ; mǒ́é mésé'ésá'á mé
nga vám, befáam bé tameta'an a é bóné bábá bé mànèyà é
kúí mimfefě bémvǒn. Bé nga ke b'á kab é bémvǒné bevó'ó
bése bidí bí Sǒ. É bémvǒn bése bé né vàlě bé nga dí, a kúí
bìdí bí ábǒ'ǒ Sǒ bíse bí á man né méñélé. Ntě ǒtè ǒse nkúl
ésána'ǒ ne ve andùmáàndùm, bebôm mmbe bé kele'e b'á
tyéndan ; ané wùá á bǒmé né bômebômô, é nyúmbó'á
nyòñé. Ngé wùá a a yiane bò jam ngé jǒm èfé éziñ, mfé á
nga bôm.

Avusǒ

Ané ndíán ǒ màné, èyoñéte b'á je'e bôt. Èsam ése ve é
ku né kubuk, né ndibik. Nnǒmé Ngíi a myòkáné ñhé tétèlé,
a nyòñé nkóbô, á nga kôme mané é lítì bôt bése áválé mvǒn
j'à yiane nyiñ, a ávál Ábǒ'ǒ Sǒ d'á late bôt, a ávál Ábǒ'ǒ
Sǒ d'á late meyoñ. Ajǒte é bémvǒné bé Sǒ bése bí a be bé
bí bòyà Ábǒ'ǒ Sǒ dì fùfulu, bí ntóò jǒmé jíá. Bí á lóon avàl
élat étè náà avusǒ. Bí ntóo bemvǒé. Ajǒte a tátè èyoñe jí ,
bí á lóone môt áse yà é meyoñ méte ve náá Mǒô.

Èyoñ ayoñ èziñé yà é síì Búlu é kà'àyà Ábǒ'ǒ Sǒ, é bôte
befé bésè yà é méyoñe mefé báa be bé b'á fulan, a jem
Ábǒ'ǒ Sǒ, a dí fe sǒ ébìèné fùfulu, b'á mane nyòñ é bíká'é

bíse, a é bívèsé bísè yà é só b'á té é dí fùtulu êté, bé màné é
ké é jamé bìè, báa be bé bése fùfulu, ébé é ngá nyoñ é
métyì mé ngá kúí é só b'á té é dí è nyúl éyoñe bé nga tyí'í
jè ané bìdí bí Ábó'ó Só.

Éyoñe bé mànèyà é jín ávùsé só étè, èyoñétè nje b'á
mane kálan ávusé mètyì mé só yóbé vàlé náà : teke'e fe
môt èziñe yà áyoñe dá yà été a vò'ó betá é dàñé é metyì mé
é nyúmbó'è yóp. Nálè a a tinane náà : teke'e môt èziñe yà
áyoñe d'á té é dí só fùfulu a é dí d'á té é kà'ábó'ó Só à né
betà é kañese náà, abé éziñ é kui é be wùá yà é bè bé, é só'è
bè é nyúmbók ; ngé ki náà, é nyúmbó'á yemek, teke'e katé
nyé.
Minkúlé mí ésána'a mí ngètán. Njémán ábó'ó Só ó tátéyá.
Abó'é nga lum. Abó'é nga luk.
Benyàbômvía bé vásán é nseñ ábók, nyúlé nkpwé'áne
nkpwé'án, bé bìlí bìkpwèlé, be nga ke b'á fôn é nseñenseñ,
bé yi'a bìá mevak, a metametan, a mesé'ésá'á ; bé bè'é
bíómé yà é mefan meválémèvál è nyúl áné minjàé, bí só'è
batíti : mebup, mìnkòl mí bè'é mèsòñé mé zè ; ngé ki bíóm
bí só'è ba bifááfaa a é bíóm bífé bísè yà é mefan, ngé é
mèndím, akk.
Éyoñe mam métè mése mé mànèyà é boban, beta èlat á
ntóo ézézàñ é méyoñe mése m'á té é fulané ndián a njémán
ábó'ó só. Avusó é ntóo.

Ábónkő'ô yà été Nyàmôtô

Nyàmôtô a ne mfôlô mvoñe bôt, mbo é bènyà mame mʲá yále a kômôtô a kaman ényiñé bôt; a tò fe beta ntyétyéñé ñyé'éle bôt.

É mam m'á yian Été, a Ényiñé nyà môtô.

Éyoñe fàam é mànèyà é kpwebané mvón, bé nga lañe nyè été bènyá bôtô. Nálè a a tinane náà, á nga yiane bì ngúm étaba'a, ngúme ndáalúk, ngúmé ndábôt, míngúm mí mam, a é míngúm mí bíóm míé.

- Mbǒndáné ngômôtô
yà ngúm étaba'a

Éyoñe fáam é láñébánèyà àné ngúmé môt nálè, é nga yiane bì ngúm étaba'a ású dé, é míngúm mévóm à á bo bisáé méfúp, é nga yiane kóan, a kômôtô é bíóm bísè bí á sílíban ású ngômôtô yà ényiñé môt ; é nga yianè fe bìí ngúmé ndáalúk, amú é nga yiané bǒndé ngúmé ndábôt, a fôlò ngúmé mvoñe bôt. Ajóte befáam bé ngá bò bé jéñè náà bé tatéé bì ngúm étaba'a wé : ngúmé ndá, éyoñéte è ngénan teke'e lú'ú mìngá, ngé bìngá. Búlu bé ngá bò bé yé'éle'e náà, mvón ése é bi ngúm étaba'a, éyoñéte fáam è ngénan teke lúk ; amú ná, món a njí yian é ké nyiñ, a bómbô'ô, báa é mìngá wè̜, é ndá és̜àá báa nyiá b'á b́́mbô. Ajɔ́te, mbìáné ngúm ́́taba'a, ́́ mbé beta jame wùá yà é beta bé mam fáam j'à yiane tát̜̀ é bo e̜̜ ngénan teke lúk.

- Mbôndáné ndáalúk, ndábôt, a mf̜́láné mvoñe bôt.

Éyoñe fáam ́́ nga zu láme mìnkàñé yà é bì é ngúmé mvoñe bôte wé̜, é beta e̜sáé̜ à á bo a ne náà, á lu'u mìngá, á b̜́nd́́ é mfef̜́ ndá alú'ú wé̜, ndembén ́́ né é zú f̜́l̜̀ é mfef̜̀ mvoñe b̜́t w'á tinan a ́́mìèn, ve ́́ yéǹ̜e̜̜ amú mfula'ané e̜sáé̜, a mfula'ané yà é métyì ḿ̜, a é má mé é mìngá, ngé é bìngá à à lùk, ndembén bé fe bé né bôndè̜ mfef̜̀ ndábôt ôfé , a f̜́l̜̀ ngúmé mvoñebôt ôfé, ́́ tina'ane bé. Nde bôt be ngá bò bé lú'u bìngá mèzèné mèválé mèvá, a bôndè̜ fe mendámélúk a mendámébôt meválémèvá.

Mevàlé méndá mélúk

Mendá mélúk, mé ngá zù m'á dañe yéǹ̜ beta meválé bébàé:

-Alú'ú míngá wùá.

Mb́́ka'à yà áválé fáame jìà j'à kômôn, ngé nà é bôndè̜ ndáalúk, ndábôt, a abíál̜̜, a mv́́'ô, báa mìngá wùá .

71

Eve'ela'a

Fáam→ Nnốm→ Èsàá→ Mbíáế → Mbôndé

Mètyì m'ábíáế   Ndábôt

Ètò nkoẻ +→ = Alúk( ) x→ = Ndábôt = →Mvoñe bôte

Bóbéfáam

Bóbébingá   Abíálé

Bóbébìngá   Abíálẻ   ↑

Mìngá→Ngá (fáam) → Nyìá → Mbíáế → Mbôndẻ

Aválé ndá alú'ú dá é ne é dí fáam j'a tyí'í nà, j'a zu kômôn é ndábôte jẻ, ve a mingá wùá, ẻyoñéte ndábôt j'à ke j'a fôẻ, a nén, a bui, a kúí j'à ke j'a mialan ané bí á ye yén ốsú.

-Alú'ábùì bìngá

Aválé ndá alú'étè, é ne é dí fáam j'a tyí'í nà, j'a zu kômôn é ndábôte jẻ, a àbùí bìngá. Bí á yè fe ké bí á yén aválé mèndámébôt, ngé mèndámélú'ú mèválé métè, bí á wulu, a fôẻ, ốsú.

Mbốka'à yà aválé fáame jìá j'à bôndẻ ngúmé ndábôt, Abíálẻ a Mvố'ô, báa be mbàmé bìngá.(é và : a bìngá bélá).

Bisa : →	Esa	Esa	Esa
↑	↑	↑	↑

Mendá mímbóm : →Ndá mimbóm Ndá mimbóm Ndá mimbóm

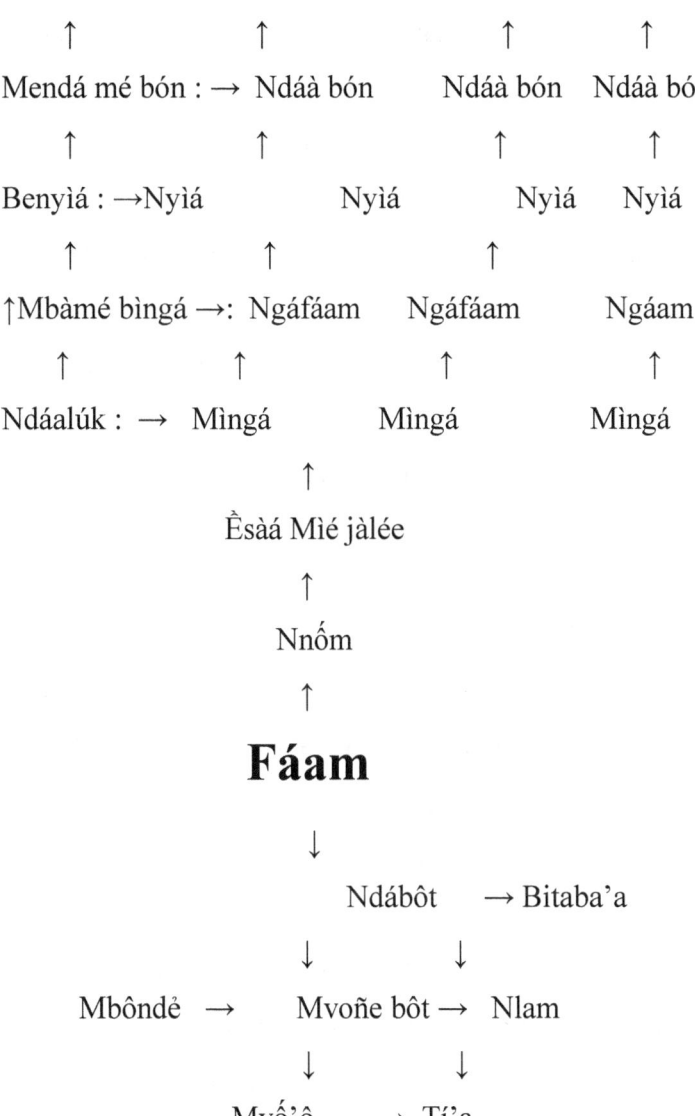

Mendá mé bón : → Ndáà bón   Ndáà bón   Ndáà bó
↑   ↑   ↑   ↑

Benyìá : →Nyìá   Nyìá   Nyìá   Nyìá
↑   ↑   ↑   ↑

↑Mbàmé bìngá →: Ngáfáam   Ngáfáam   Ngáam
↑   ↑   ↑   ↑

Ndáalúk : →   Mìngá   Mìngá   Mìngá
↑

Èsàá Mìé jàlée
↑

Nnóm
↑

Fáam
↓

Ndábôt   → Bitaba'a
↓   ↓

Mbôndè   →   Mvoñe bôt →   Nlam
↓   ↓

Mvó'ô   →   Tí'a

Éyoñe fáam é lú'ùyà mbama bìngá nàlé, a ngá bo a
bela'ane bé, bé téle bité mèválémèvá, bé lóóba'ané fe

73

biyôlě bí líti'i áválé bé ngá lú'úban, ngé ki áválé nnôm à à yéné mìngá áse yà é bè bé. Bé ngá bò bé ló'on é mìngá ôsú à ngá tátě lú'úban a bése náà : ěkômbá mìngá. É bìngá bèvó'ó bése b'á lú'úban é mvúsé jě, báa be bé bé ne bemván, já'àné ěyoñ é nnômé wòbó a né é kôme náà é mìngá wě wùá á mbìlí é ngúmé ndá wě nà, á tame ba'ale a yé'éle é nyúmbó' á ndôme lú'úban, ané mbóm yà é ndá jě. Ěyoñe mìngá áse yà é bé bé à á vuñ, náà nnye nnôm á dañe yéné mváě, Búlu b'á jô ěyoñétè náà bìngá bétè b'á suñ ěvá ; jam étè nde d'á bo náà bôt àbùi bé lóon alú' ábùí bìngá nà : alú'ěvá.

Ěyoñ bé nga suñ ěválé nàlě, ngúmé mìngá ěziñ ô ngá bò ô yéně'ě náà ñwô nnôm à á dañe nye'e, amú áválé méfúlú dě, áválé mìmbòáné dě, áválé mbamba ntàbáné dě, a ávál à à yeme suu émìèn è sí é bé nnôm, a mewô'ô mése ; ěyoñéte nnôm à à vé nye é ndìnlémé jě ěse, a vé nye ètò nkpwek ; á ntóo nkpwe'é mìngá. Ve bìngá ábùí yà álú'ú mbàm bé ngá lóóba'an áválé biyôlě d'á líti áválé b'á yéně alú'ětě. Ajôte é mìngá à à yéně awuta é be nnôm a a lóóbane náà : nlúlùp. É mìngá á n'ávóě, ve dulu é nlamenlam, tè ti'ibi é ndá jě, a ne ntělé. É nyú àné mbôn, ngé na mfúk, ěkóbôkobô, mìnsòs, a a lóóban náà mfu'u bitetam, ngé ki náà abôěnlame. É móna mìngá fáam j'a lúk, ěyoñéte á ntóo nyàmôtô àbùi a a lóóban náà : ntúmé nnòm. É nyú à á nye'a bo'o mejían àbùi a a

74

lóóban náà : akabetu, ngé na èvobeyéñ, ngé na mvú. É nyú
à né teke bíáé a a lóóban náa nkòkóm. É nyú à né ngul àbùì
é mbòáné bísáé bí mó, ve a tyá'à fe bemván a bibôm, b'á
lóone nyé na ngulebitumba ; akk, akk.

É méválé mèzèné mèfé bôt bé mbé ngule yà é lú'an.

- Alúk, é zèné yà Élí'íti.

Aválé zèn étè é ngá dañe bò éboba¡an é zàñée bisóé bí bôt
bíbàè bí tò minkoè. Bé njí yian é bì élaté mètyì yà ábíálè
ngé é jí yà ávúman d¡á dañe bebè.

- Minláñ, èdìñ, a jian.

Éyoñe nkpwà'á ndómán, ngé èndém évômé ngone mìngá,
bé maneyà é nañ, a bé nyoñeya ábím áyé'é d'á yian, môt
áse é ndábôte jè, môt áse yà é be bé á ntóo nkômáné yà é
jéñ é môte báa nyé bé né bôndè ngúmé ndá alúk. Bí á lóone
bé na minkoè.
É mínkoè mí á kóbô ajó mélúka'ané mí njí yiané bì élaté
metyì m'ábìálè, ngé ávúman é né bebè.

Éyoñe minkoè mibàè mí tóbàneyà, bé yénáneyà, bé
lááneyà, bé nyè'èsáneyà, a bé yembáneyà ábím b'á yéné nà,

75

bé ne lú'an ; ẻyoñétè b'á kúí tyíñé nà, fáam ế ke yéné
mìngá é jàlé dẻ, ású yà nà, é bébíáẻ bé mìngá fe bé yem é
môt a a kỗmbô lú'é móné wòp ,ngé nà é ngo jàp.

Ve, ẻyoñe b'á zu kúí é vàlẻ, môt áse yà é be bé á tátẻyà é
mane kat é bébíáẻ bẻ mam métè mése, ẻyoñe báa be bé b'á
láan.

Ẻyoñe móna fáam á ntòo bebẻ yà é ké yéné móná mingà é
jàlé dẻ, fòẻ ẻtè j'a ke é mèndá mé bôt mébààne.

É nkèáné móna fáam a á ke yéné móna mingà, a é
bébíáẻ bẻ, é jàlé dáp, ñwô ñhé bí á lóone nà: Jian.

Mamé yà é jian
- Nkèán é jian.

Moné nkpwà'á ndỗmán á màneyà kômesan, nyangá
nyangà, a bilí é bone bé bíỗm ané kee bé é mó ané bika'á,
ású é móna mingá wẻ, a ású é bébíáẻ bé móna mingá bé né
bò nye bètyì. Báa be bobényàñé bẻziñ bé ne ke é dulu étè,
náà b'á ke lítì nyè.

Ẻyoñ bé maneyà yá'an é bébíáẻ báp, bé wùá nyúl è
zèn; bé mbé bé dañe'e sỗñé nà bé ke kúí é nlam b'á ke
màm mé ngỗ'ẻ, ẻyoñe díbi é ngénan tè ku, ndèmbéné betyì

bé né é yeme náà, bé mbìlí é bèyéñ b'á zu é ngo jàbá è jian, ané fóé ètè ě né mialan é ndábôte mingá.

Nsùlán é ndábôte mìngá.

Tyế kpwàá, bé màné é vé nnéñ mèndímé yà é su'ubané kpwekpwa, a é tu'ású. Bé vé nye étyamakak, a mané é dí, á nga yange ve éyoñe b'á ye sulan.

Ngé éyoñ a ngá mane katé bôte náà b'à ye sulan é kúí, ve benyà bôtô bèziñ b'á yiane tabe bé ngénan mómó, bé nga lóñé bè, é nkú. Éyoñe bôt bé mànèyà é sulan, beyéñé fe bé ntóo ábá ètế, bé ntóo ngule yà é tabe bé ngà kóbô.

- Nkóbán ájố mélúkà'àné :

Mbiintúme yà é ndábôte mìngá a nyòkáné tétèlé a bìlí ntúm, yế'ế ntúm àbě, a kùtí kốb élá, ngé ényiin; nyé na: kaě! Kaě! Kaě! Abá vè é ku né kubuk, ja'a nsóñ óbìèn ố káte'e betá é to'ò môt ábum.

Mbiintúme yà é ndábôte mìngá a nyòñè nkóbô, á nga lítí amú jế b'á sulan.

Nyé na: Mía bése, mí vúmáaá! Bôte bése náa: Ôvúmáè, ngé nà: Èsàngồm!

Mbiintúmé na: Mé vó mía náa, é nsula'ané bí nế nyù, a ne amú nà, bí zu wố'é jam é béyéñé bàngán bé tò bàná bé bìlí, a é nde d'á té é tíndì bè náà bé zu kúì é jàlé dángán.

Nde m'a vé bèyéñé bête nkóbô ếyoñe jí.

Á beyeñ, ntúmé ñhé wù, nseñe ki wú, mí á jố áyá? Mé kìyà tabe é sí.

Á bòbéjàñ, ye a sé nàlẻ ?

Bobényàñé nà - Ố jố !- Nálẻ a a tinane náà : Ố jốyà.

Mbiintúm yà é ndábôte mìngá a ké é tabe é sí.

Mbiintúme yà é be móna fáam a nyòkáné tétèlé, a nyòñế nkóbô, nyé na : Mbala a a bem é nseñ, wồná bé lúmèyà mbế. M'a suse fó'ó fum, náà è jam d'á bo náà bí zu yénẻ é be míà dén, é ne náá : é ndốmá jàñ ế tò nyù j'a kate bía náà báa é ngo jènán ế né jốế na …, b'á diñesan. Ajốte a a kốmbồ náà báa nyé bé lú'an, mingá átẻ á bo é mìngá wẻ. É nzùàné wóngán yà é jà dì, ñwồ ñhé wù. Tyí'ánẻ ñhé bía zo'o njém, bí yem ané bí á kee fốế è jà. Á bòbéjàñ, ané mè kóbố ábímé dì, ye me yémélé é nseñ?

Bòbényàñé nà : Ố ntóo ve é yế'ẻ ntúm, ố màyà é jố.

Mbiintúme yà é ndábôte mìngá a beta é nyokané tétèlé, nyé na : ajố dì é njí dañé é bo é dí bí ne kóbô teke náà bí tátếyà é yem ané é mìngá ếmìèn b'á té zú é yén à à jố; nde bé tamé ñhé é lóòlóòné bía é môt ếmìèn á né ajố. Móngố ếziñ a kốlố fó'ó è sí vàlẻ, a ké é lóoné kál ávốlavố. Kál ế nga ke

78

só, wó ố bútù ányu, ané é nyú á vèmé, a yé é múñ, a yé é
woẻ, a yé é kò wòñ, a a zu a wulu mèsìk, a zú é nyíin ábá
ẻtế, a ké é tàbe ẻnoñ. Mbiintúm á bètá é nyòñé nkóbô, nyée
móna mìngá na : é béyéñ bé tò bà b'á kate bíá náà bé ne vá
ású dôẻ ; ye w'a yem é bôte bé tò bà ?- Eeñhé ! - Wò ñhé
b'á té zú é yén, nà b'á yi náà bé lú'ú wò.
W'a jố áyá ? –Ye avóế, ye ayô, mbôñ ố ne àyá ? Mòn ẻtun
séñésan, móna mìngá na: mbôñ ố ne avóẻ. Ôyángá ố jốế é
nsámbá mónà fáam.

Mìngá á dìñèyà nyè.

Mbiintúme yà é ndábôte móna mìngá, à beta é kốlồ é sí,
nyé na : á mvố'ồ tàt, é nkèán ẻmo'o, amú ẻyàlán é ngo
jàngáné jì j'á lìti fó'ó nà, ế nyè'éyà é mónà fáame nyú, ye
sa nálẻ ? Jế bek, ké é ne bí wố'ồ zú bí á bo nálẻ.
Nkañesán ẻdìñ, nkàñèsáné mélúkà'àné, a ntúbáné táñe
nsùbá.
Ếmo'o wôô.- Bé é wế, fìíí. Bé nga mane sam ávàlé
mbiintúm à à zu ké é yalan, a áválé bíốm b'á zu ké é síli
ané nsùbá. Ếyoñe bé mànèyà é kúí tyíñ, a bì ốyílí, báa be
mbiintúm, bé nga búlan ábá, né limiti, limiti, limiti, bé nga
mane ké b'á tabe. Abá é ntóo né limiti, né kubuk, ané é bá

bé né è mèkúa, bôt bése bé nga vố'ốlô ve é tyíñ j'à só émo'o. Mòn étun, mbiintúme yà é ndábôte mìngá a tébé, é zàñé abà, nyé nà : Beyéñ bé ntóè̂, bí mànèyà é wố'é nkóbồ wốnán, bíà bése bí mànèyà fe wố'éyàláné mìngá, bí mànèyà é tú'à fas é mam mésè m'á nambe abíálè a avúman, teke'é beta jam a ndéñéle.

Nde éyàláné jángán, ané ndábôt, è̂ ne náà : bí kàñèséyà édìñ a é njà mèlúkà'àné mí á zu bốôn é zàñé è méndá mé bôte mángán mébàè̂ wù.

É ndábôte jàngán j'a dañe zú j'a bo náà, ngé é ngo jàngán èziñ è̂ lítí bíá náà é̂ nyè'éyà môt èziñ, náà báa nyé b'á lú'an, bíà fe bí nyè'éyà môt até. Bí nga yange yén ve a môt até. Ajốte á ntóo ve náà mí zu vé bíà é bíốmé yà é nsùbà bí á sílì míà ô̂ tò àná : á nga tót é bíốmé yà é nsùbá b'á síli. Bíốmé tótô-tótô-tótô, méñ, nyé nà, é nsùbá bí á síli míà ñwồ ñhé lé. Á mvố'ồ tat ye sa é ne bí á té é jố áná ? Bòbényàñé nà : ngó jốk ! Mmbe ñhé bí nga vố'ốlô éyoñe jí.

Mbiintúme yà é ndábôte mìngá a ké é tabe é sí .É mbiintúme yà é ndábôte fáam a kốlố é sí, nyée bemìe jàlée náà : Nlém ố̂ ne me njálán a mevak, amú é mam mése yà é dulu bí á té é wulu m'á wulu mvò'é̂ azúkúí éyoñe jí. Bí á vé míà akíba mejoo mejoo. Á ntóo ve náà, bí nga zu búlan, bí ke kat é mbamba méfốé́ màná mése è jà.

80

Tekè'è ! Yàngá'a kean a akítí, bí tame betà belane míá, a
jéè míà dén. Ké bí jôyà nà bía be míà bí á bôndè èlat.

Kó na amvôé é ne ve atátê dá, amvôé d'á à tètatè metátê
mébàè. Bômbá'ánè é sí.

Ngé bèyéñ bé yémété nà bé mbá'á mbá'á ve é ke, báa be
bemìè jàlée bé mane é jô má'án, bé búlán é nlame wóbó.
Ve ngé bé kàñèsé nà b'á beta bômbô, bé mbôô. Bemié
nlame bé nga beta ke ôsú a voñôlô bè, a kúí tyé. Ané bé
mané é bò ètyamakak, beyéñ bé màné é búlan é jàlé dáp.
Nsùlán a nkàtáné fôé, é ndábôte fáam êté.

Êyoñe besóo jian bé kìyà é kúí é jàlé dáp, bé mìàké
mbamba fôé átè é ndábôte fáam êté, é ndábôfáam ètè êse
j'a nyoñ ajô álú'étè ané ájô é bôte bésè yà ngúmé ndábôt,
sàá ájô môte wùá êtám.

Ajôte bése b'á tabe é sí ngúm éyoñ, bé nga fas a tá'áválé bé
né jí'à é wôlékan é nsùbá b'á síli ású álú'é ndômá jàp, amú
môt a ne môte yà é ndábôt.

Ngômesan ású mve'án a nsílán álúk.

Njéñán a ntốkáné nsùbá.

Éyoñe fóé ế mànèyà é kateban é ndábôte mónà fáam, ajố álú'étè é ntóo ávál ajố môt áse yà é ndábôt ètè à á yiane futi é ngule jề, ású yà é tốkàné nsùbá.

É mồt áse yà é ndábôte ndốmán, beếsàá bése, mìntồtốné mísè yà é ndábôt, a kúí já'àné bendốmènyàñ, bé ntóo ve ajố ètế, amú alú'é ne ávál ajố d'á sílì náà môt áse á fùtíi é ngule jế.

Éyoñe bé tốkánèyà ábímé nsùbá é né bò bè náà bé beta ké é yénề ábáế, bé nga kômesan ve é dùlú yà é ké vek, a sílì àlúk. Ésàà é ndốmáné j'à lúk, a benyàbôtô befé yà é ndábôt, bìngá, bendốmán a bengon bé tò nsámbá ốtè.

Mve'án a nsílán álúk.
-Dulu

Bé nyù'úláne dulu, bé bìlí é bíốm bíse bé ngá mane kômesan a tốkan ású nsùbá ; bé mànèyà fe kômesan é nga'aban b'á ye ké b'á dí é zènézèn. B'á sốñé biyoñ ábùì

nà, bé ke kúí é nlam b'á ke, mồs ố ngénan, sàá a alú ; amú
bemìe jàlée b'á yiane bì éyoñé yà é belane bé, a kồmé fe bé
bijô'ôba'a, mồs ố ngá'an.

-Nsùán a nkatáné fóė é ndábôte mìngá.

Éyoñe bé sùánèyà, fóế yà é nsùáné wóp, j'a yiane jí'à é
kalan é be bôté yà é ndábôte mìngá, áválé bôt bése bé né
bò ngômesan, ájồ yà tyékpwàá.

Nsùláné bôt, a nkóbán ájô álúk.

Mbiintúm yà é ndábôte mingá a tébé ézèzàñ ábá, a kútí fás
élá, nyé na : kaė ! Kaė ! Kaė !

Mí nga yiane màné é yem é bôt bé né bía bèyéñé bà, amú
bé támèyà é kúí và, náà b'á kồmbô lú'é ngò jàñ, bí màné é
kañesè mèlúka'ané, bí mánè fe túbè be táñe nsùbá; nde bé
ngá ke. Á beyeñ, é nsóáné wốnán yà éyoñe jí ốne áyá ?-
Nseñ ñhé wù, mí á jố áyá?

Fóế a nlítáné bíốmé yà é nsùbà

Mòn ếtun séñésan, nde mbiintúme yà é bèyéñ à à nyokane
tétèlé, nyé na: M'a vé míà bése avúmáàá ! - Èsàngồm, àbá
ése d'á yébe. Nsóáné wóngáné yà éyoñe jí ố ne fó'ó ve náa

83

bí zu ve'é ngo jènán, amú bí mànèyà é tyí'í nà, mìngá átè a a yiane bò mìngá yà é jàlé dáñ.

Nde, á bóngố bí á só é jà, nyòñèkán é bíốm bí ngá sóo bíé, mí zuu bíé ábá ètế é và. – Minkángè béndốmáné yà é béyéñ bé ngá só, bé nga man e lítan é bíốm bísè yà nsùbá bé ngá sóo bíé, bé za'a ngúnì é zàñé àbá.

É môt èziñ a né ốjeja'a, é ndábôte mìngá, a béndế fố'ó vàlế nà : ké b'á kôme ñhé é ké b'á láñ, a bốôné bíốm bítè, jíá jíá. Mbiintúm yà é bèyéñé na : ô mbá'ôjeja'a, ye môt a bétek, wồná béték, ké é nne bí á ke wốề.

Bèyéñ bé nga mane líti ané é bíốm bíse b'á té é sóo bíé bí nế ; bíốm è sí vôô nat.

Mbiintume yà é béyéñ á nga suú nkóbô náa: nde ñhé bí á ja'è míà náà, alú'ú d'á à memane mevek, vá'ànề bíá é ngo jènáné nyú, bí ngá nké bí á sóndô mevek á ntóo é jàl álú'ú dế. Á bòbéjàñ, ané mè jốế ábímé dì, ye me kángé é nseñ. Ố màyà é jốjố áse. Mbiintúm ású béyéñ a ké é tabe é sí. Abá ve é ku né kubuk.

Emo'ò yà é ndàbôte mingá

Mbiintúm yà é ndábôte móná mìngá a nyòñế nkóbô, nyée bemié jàlée náà, a ntóo ve náà, bí kè ếmo'o. Bé ếmo'o

wôô. Bé é wốế, bé é wốế, bé é wốế. Ẻtun séñésan, be nga
beta mané é nyíin ábá ẻtế.

Fóế yà ẻmo'o a mvéáné tyíñ yà é ndábôte mìngà.
Mbiintume yà é ndabôte mìngá a nyòñế nkóbô, nyée bôte
náà, ajô dì é njí bo ávál ájố bí á kè bí á beta bò àyàb ájố, sáá
ki akum nde d'á bo aluk ; alú'ú d'a dañe boban amú ẻdìñ a
nyè'án a ñwốka'ane bí á yénẻ é zàñéeé bélúk, a é
méndámébôte máp. Bíốm bíté bíse bí mànèyà é yénẻ ájố
álú'ú dìná ẻtế.Nde bí tyí'ìyà nà bí á vé fó'ó mía mìngá. Ve
mí sé ngule yà é kee nyé ẻyoñe jí. Kelá é kômesan ẻlí'íti.
Bíá ye é zú vé mìà é mìngá wồnán é mvúse ngúmé ngon.

- Mvéáné ngon álúk.

Ngômesan ẻlí'íti

Mfa'é ndábôte mìngá

Móna mingá a a ke a yá'an é bôte bé, b 'á ke b'á vé
nyè é méválé mé bíôm mése môt , é dañédañe mingá ,
a né é ké nyiñe mé , é ndà alú'ú jè . B'á keé fe
é bídí b 'á ye ké é yáme é ndábôte móna fáam
,eyém étyí'a é tò été . Eyoñ étè fe nje b'á yemelan
ábímé bôt é né ke ..

85

Mfá'é ndábôte fáam

Fáam j'á táte kômesan é vômé báa ngálé b'á ye nyiñ
a tabe, a é vôm b'á ye tátě mboáné bísáé é

méfúb máb.

B'á kômesan é bídí b'á ye vé a yámè é béyéñé b'á zu bé
élí'ítí, èyém étyí'a è tò été.
B'á kômesané fe bíóm mébốk
a mfúbáné yà é ngúmé nlam, nálě a ne náà :
ngômôtô yà é bidúk, é mènjèñ, é biwóban, é mèzèn,
é minseñ, é mèndá akk.
   É bôt bese b'á ke, ngé é yangè élí'íti,
b'á bo ělí'íti bé tò nyà mfúbàne a nyangá, amú môt à á
ñyèm.....

Elí'íti

- Nkèán a beke :

Bebíáě bé mìngá à à ke álúk, benyà bôtô yà é ndábôt a é
nlam ,benyà bìngáa yà nlam, bobenyàñé bé mìngá ,
bendốm bé mìngá , bendốmenyàñé bé mìngá, bobékà,
bemvôě a é bivúvúmáné bíse bí á kốmbô ke

- Dulu :

Biyoñ àbùì é ndábôt é fáam j'a lúk, nje ě ngá bo ě kôm ajǒ dulu yà é bôt b'á zu vé be mingá, ve sàá biyoñe bíse. Éyoñe nsámbá ělí'íti ǒ téěyà dulu yà náà b'á ke lítì é ngò jàbá é jàl álú'ú dě, b'á ke b'á yia bìá a zèn ěse, nálě a ne náà, é zènézèn, a kúí ákúú, ngé nà, ébǒnénseñé yà é nlam b'á ke sú'ú.

- Akák :

Éyoñe bé kúíyà ébǒnénseñe yà é jàlé b'á ke sú'u nálě, bé ntéle teke'e fe betá é wulu. Bé màné é tébe áválé b'á tyí'í zèn. Bé nga bo ésasôk: bìá, mekǒkóo, a é bíǒm bísè bí á vé zô'ě, ású yà náà, é bôté yà é nlam bé yeme náà , ělí'íti ě sóyà , amú bé ngá dañe bò bé kele'e suan ělí'ítì é nlam ve a alú, éyoñe bôt bé ntóo ǒyó .

Búlu b'á lóon ětě ětè náá : akák.

Éyoñe bôté yà é nlam w'á yange ělí'íti bé wǒ'ǒtánèyà zô'ě ětè, éyoñéte b'á lǒmé môt ěziñ, náà, á kè nyoñé bèyéñé bétè. Amú mbóm ǒ njí yìàn é yéně zè'ézě'ě, b'á ke tátě é solé wǒ ǒsú é nlam, ntě b'á zu sañetan é màmé yà ákák.

Mfá'á yà ákák, é bôt bá zu vé ngon álúk, b'á síli bíǒm, nsíláné biselenget, bé bo'o màm binyenge, a àbùí bivuk ; ve é bôt b'á lú'ú mìngá b'á vé é bíốm b'á síli bé, teke'e yáa, ngé é bò ếvồ, ve a mbamba tyíñ a nkpwềáné mó, akékúí ếyoñe b'á kúí tyíñé nà, bése bé ntóo ngule yà é ké é suan é nlam a bò ábố'ếlí'íti fúfulu, ềyoñéte bé mànèyà é solềmbóm .

-Mebốk, mevak, a mfốláné mbóm.

Beyéñ bé màné ñhé ké nyíin é ndá b'á líti bé, bé màné é naan é bíốm bíáp. Á ntóo ve mebốk, mevak, a mfốláné mbóm a bìá bí mbóm, já'àné be ngénan tè yén ốbìèn, amú ố ngénan ásòềb. B'á bo beta èzùbélùb ábố'àtè, ngúm álú ốtè ốse, a kúí tyế.
Álú ốsú yà ábố'ếlí'íti é mànèyá.

É mồs ố tốố:

Mồs ốtè, ané bôt bé màné é wo'on amú ếvềb, bé màné fe vé bèyéñ ếtyamakak, á ntóo ve náà mendámébôt mébààne, ndábôt ése é vốmé wềb, j'a kômesan, a yám é bídí j'à ye vé é nyú fók, ếyoñe b'á ye kúlí, a lìtì mbóm àbá màm mé ngồ'ếb, a kalan é ngò jàbá é ndàalú'ú jề.

Mveán álúk, a ntòáné mìngá é mfefě NDÁ ALÚ'Ú wě.

Ñwó'áné bélúk.

Éyoñe bé ngénan tè sulane bôt ábá màmé ngò'é,
bekálé bé é fáam j'à lúk, b'á ke wó'ò é mbóm ő nga
zu bò be mmìàè̌; a é béndőm bé é mìngá à á zù álúk,
b'á ke wó'ò é fáam j'à zu bò be mmìàè̌.

Mam mé ngò'é

- Benyàbôtô̌ yà é méndámébôte mébàè̌ m'á lú'an b'á mane
sulan ábá ètě. Mbiintúm yà é ndábôte fáam a a kate bôt
amú jě bé né nsùlán, a áválé mam m'á zu boban. A líti'i
náa, bé ne nsùlán amú dén nnye mimbébáé míángán, a é
bétyì bé é móné wòngán b'á zu lítì bíà, a kalane bíà é
mìngà bí á lúk.

Ve éyoñe mam métè mése m'á zu boban, é bôt bé ngá ke
wó'ò bèlúk, bé tátě'è̌ zú é katé bía mefóě.

89

Nkàtàné fóɛ́ yá ñwó'áné
- bélúk.

Bewó'o belúk b'á zu katé mèfóé yà ñwó'áné bélúk, é vôm benyàbôtô bése bé tòó. Ngè méfóé mé ne mvò'é, mvò'é. Ve ngé mefóé mé n'abɛ́ mfá'ɛ̀ziñ, benyábôtô bé nga jéñ áválé bé né é kôm, ngé é bò ávàl ájô étè náà é kɔ̀mbáan, teke bò zô'ɛ̀. Éyoñe bé mànèyà kat é méfóɛ́ yà ñwó'áné bélúk, a kúí tyíñé jìá nà mìngá a ne lú'úbané mvò'ɛ́, amú teke'e fe é jɔ́m j'á ndéñéle; á lí'íyà ve náà é ndábôte mìngá ɛ́ kàláan é ngo jàb é be é ndábôte fáam.

NLÍTÁNÉ MÌNGÁ, A É BÍÔM B'Á TÉ SÓÒ BÍÉ

Éyoñe bé mànèyà é kat é méfóɛ́ yà ñwó'áné bélúk, é jam d'á tóɛ́ vàlɛ́ é ne náà, é bôt bé mìngá bé nga zu lítì mingá, a é bíôm b'á té é sóò bíé ású yà é zú é tooɛ̀ é ngò jàb é ngúmé ndáalú'ú wɛ́, a é ngômôtô ɛ́se mìngá à né é yi ású yà é tabe é ngúmé ndá wɛ́, teke'e ké a bo bilôñé bìkɔ̀lá é nlamenlam. Búlu bé ngá bò bé víni'i náà nnɔ́m é ngò jàp, ngé ki bôt befé yà nlam bé bò bé síli'é ngo jàbé nà: ô ngá sóo jɛ́ éyoñ ô ngá só?

-Mveán álú'őbìèn.

-É mvúse nlítáné mìngá a bíőm, mbiintúme yà é ndábôte mingá a a bi é ngò jề è wó, a kàláné jè é mó é be Mbiintúme yà é ndábôte fáam.

- Mbiintúme yà é ndábôte fáam a a lóon é fáam j'a lúk, a kalané je mìngá, bôt bése bé bồmố an'ékôp.

É ndábôte mìngá, ế véyà ngò jàbá àlúk. Ayángá é kùtàn, a mefás a àbùí mevak, éyoñe mam métè mése m'á lóte mvò'é.

Nlam ốse ố ntóo njálán a ėsasô'ố mevak.

Mfefề álúk ố làtèbánèyà. Mfefề ndáalúk ố bồndềbánèyà.

-Ndábôt ése ế nga vé é nyú fó'ó bìdí, a menyú.

-Minláñ, Memo, a mebố'ố mevak bí nga boban. Àbùì ésasôk.

MFEFẾ NDÁ ALÚK, ố ntóo.

Mìngá á ntóo: nlú'án, ngáfáam, mbómé yà é ndábôt á zùyà é nyíin.

Fáam ế ntóo: nlú'án, nnốm, nnốméngone yà é ndábôt a ngá ke lú'é ngò jàp.

Tyɛ́kpwàá
Njɔ̃áné má'an.

Beyéñé yà ɛ̂lí'íti báa be bemìé jàlée bé nga mane jɔ̃ má'an; é béyéñ b'á té é zu ɛ̂lí'íti bé nga mane tìman é mémvɔ̂'ɔ̃ mábá, É ngá bò é kúik, biyoñ àbùí nà beɛ̂sàá a benyìá bé é mìngá à à lí'ì álúk, bevɔ́'ó bɛ̌ziñ b'á ke b'á yôn ɛ́yoñ bé nga kándan é ngo jàp; bendɔ̃m bɛ̌ziñ ngé ki bòbényàñé bé é mìngá à à lí'ì álúk, b'á ke b'á yɔ̃n ɛ́yoñ b'á yén áné é kale jàbá, ngé ki é mònyàñé wòbó à à lí'ɛ̌tám, jàl áfé.

Nde é ngá bò é bo'o biyoñ àbùí nà, nyìángon, ngé ki mònyàñéa é mbóm w'á lí'àlúk, b'á beta lí'í bé bɔ̂ô bònémélú, báa be món, ngé mònyàñ.

Ve é ngá bò fe é kúi náà, nde ndɔ̃mán ɛ̌ziñ báa ngon ɛ̌ziñ bé bé mànèyà é yénan, a láan, a diñesan ɛ̂lí'ítì é zàñé và, bôt bé nga tem ve bengon bɛ̌ziñ bé nga jémban bé é nlam, ngé ki é nsámbá ɛ̂lí'ítì ɛ̌tɛ́; ngé ki é víánè é teme náà ndɔ̃mán ɛ̌ziñ ɛ̂ mbìlí mfefɛ̌ mbóm é nsámbá ɛ̂lí'ítì été, ngé ki mfefɛ̌ mbóm ɔ̀fé é nlam été.

É méválé mèzèné mèfé bôt
bé ngá bò bé lúka'an.

- Alúk, é zèné yà ábóm

Biyoñ àbùì, belú'ú bèvó'ó bé njí dàñé tôñ é zèné yà álú'élí'íti, amú é ne njùk, a àyàp. Ajóte befáam bèziñ bé ngá bò bé bo'o náá, ngé a ké é yéné mìngá, éyoñéte báa mìngá b'á kúí tyíñé nà fáam é tó'è mìngá àbóm. Nálè a ne náà fáam j'a bo ané j'a wúbé mìngá, é bôte bé mìngá teke'e yem, a kéle nyé é jàlé dé. Éyoñ á kìyà kúì é jàlé dé, bìngá yá é jàlé fáam bé nga loñe mèkókóo; bôt bése bé nga vak, bé nga sô mbóm. Avál éyoñ étè é nde ñhé Búlu bé ngá bò bé kele'e tiñiti, a báne mfefè mìngá, a áyàñé bó'o, náá, á bo tè beta kómbô é búlan mfá'á ngá bíálè. Á ntò vàlé v'ètóètò. Aválé mèzèn étè é nde àyàñé bó'o é ngá dañe zú d'á sáé: sáà nà, b'á víáne tu'ulané nlam, ngé é te'elan é bôté yà é jàl étè. Ndábôte fáam é nga kômesan ve náà, bé yàngée yalan éyoñe bôté yà é ndábôte mìngá b'á ye só, bé nga kóbô, a kômé ve ajó álúk.

- Alúk, é zèné yà é mvò.

Alú'ú mvòl é n'àvál álú'ú mèndá mé bôt mébàě mé bìlí bó bé fáam a bó bé bìngá, b'á kôme náà ngé bone bèziñé y'ètě b'á diñesan, bé viane yíli náà bé fòláan, náà é fáam yà é ndábôte nyú ě ké yén é ngone yà é ndábôte fók, é nyú báa nyé bé né é diñesan; fáam yà é ndábôte fó'ó fe j'a bo aválé dá. Ngé bé dìñésáné nàlě, ěyoñétè b'á folane bengon, a kañesè melúka'ané, teke beta é ké b'á síli ngé é bò ábùí mam afé; á ntó alú'ú mvò, amú mendámebôt mébàě mmè m'á té é folané bengon ású yà é lú'ù é béndômáné báp. Zèn étè ě ngá bo ě vòlô'ô é méndámébôt mé n'ázóé ve mé bìlí bón ábùì, náà mé lú'úu é bone báp.

-Alúk, é zèné yà ábia.

Biyoñ àbùì bedo abia bé ngábò bé kañese'e náà bé lañ abia é be é bìngá baáp. Ngé ndo abia ěziñ a a kúí nà á bìlíi abia a kúí ábímé táñé báa é nyúmbó'ó báa nyé b'á do abia b'a té tyí'an ású minìngá, míngá áté a tyí'íyà ábia ; á ntóo ve náà : á ntóo ngá é môt a a té tyí'í nyè ábia é be nnôm. Ajôte a a ke lú'ú fáam a zèné y'àbia. Teke jam afé, v'amú nà, nnôm a a té kañese é lañe nyè ábia.

-Alúk, é zèné yà évín ákùs.

Ve é ngá bò fe é boba'ane náà, éyoñe fáam èziñ é wúyà, è lí'í mìngá, ngé bìngá, Búlu bé ngá bò bé nyoñe bìngá bête an'ákúmé y'èlí'í b'á yiane kaban. Ajóte, bé ngá bò bé kaba'anè fe bìngá, a ve be é bôt b'á zu lí'í bé ba'ale'e bé; a, é fáam èse b'á vé nà é li'è ba'ale'e mìngá éziñ, mìngá átè á ntóo é mìngá wé. Álú'à à beta ke , mvús àwú nnóm étè , é nde Búlu b'á zù b'á lóone náà : èvín ákús .Ngé b'á vé môt èziñ áválé nkús à njí é kómbò é lúk , ngé ki náà á á vo'o lúk , nkús ótè ó ne toè ntabe , ngé ndábôt j'à yébe nálè .

- Alúk, é zèné yà mvánán.

Melú'ú mèfé mé ngá boban a zèné yà náà , ngé fáam èziñ è kúí jàl éziñ , è yéné áválé mvoñe mìngá éziñ à á nye'e , é tò ábum , a nyeke'a bìlí aválé mvoñ étè é mvoñe bôte jè ètè , ve mbùbúm ótè ó tò èzà mìngá . Èyoñéte fáam èté j'à nyoñe báa, a ké é sílé nye mbùbúm àbum , bôte bé tò bengàà , nálè a tina'ane nàà:a a vane nà , ngé é mòn á nè àbum a bíálé, a tò móna mìngá , é móna mìngá à á ye bíálè àtè , a a ye bo é mìngá wé . Ngé món á bíálé mìngá, é fáam è ngá vane nyè, è mané é zú vé é nsùbà b'á síli. Ané món á kúí nà, á tyìyà mèbé, bé kélée nyé é be nnóm. Nnóm émìèn

95

á nga mane yále, akékúí á ntóo ávál á né ngule yà é fulane befáam. Nnốm á nyòñế nyè á ntóo é mìngà wề. Á ntóo alú'ú mvánán.

- Alúk, é zèné yà ếtếa.

Ve , é ngá bò fe é kúi náà , môt ềziñ a ne ke é mèyéñ é nlam ềziñ , môt ềziñe yà nlam ốtè , a bìlí ábúì bengon , a vañe nyè'é nnéñ àtè , ềyoñéte a a tế é ngone jề jìá , a zú vé nnéña fáam até, náà á kee jè é jàlé dế , á luk , teke sílì nyè jốm ềziñ . Avál mveáné ngon álú'étè é ngá dañe sốñé njéñán ámvốế, a bilaté yà é mèndámébôt, a meyoñ. Ndábôt é fáam b'á tế vé ngone nálề , é nje ébìèn j'à yiane bôndẻ fek , áválé bé né é lítì ávál ávak , a ềkekaè bé bìlí ,é be é môt á véyà bè é ngo jề nàlế , amú é beta jam yà nye'án á bòyà , ású é ndábôtè jàp. Alú'ếtếa, é nde ñhé lé.

Alúk, é zèné yà ngule minsôn, a ềvồ.

É mèlú mvús, mebá mé mbé nlốñán ávál é né nà, é môt áse à á lôt, a a yiane túlan ábá zàñ, a yénế.
Nde, biyoñ àbùì ếyoñe nnéñ ềziñ à á suan ábá, a bìlí ábeñé mìngá, befáam bẻziñế yà nlam ốtè bé ne kúi tyíñé nà b'ốá

96

wôlě é mìngá nnéñ àtè à à té sóo nyé . Bé mane bò nnéñ àté nkpwálá, bé wôlé é mìngá à à té sóo nyé a èvô, bé títáné ki fáam ètè ébìèn, a nkpwálá, a èvô. Bé lí'íi mìngá.

Fáame fé yà nlame válè, ė nyòñé mìngá átè ané é mìngá wê. Á ntóo ve alúk, é ngule minsôn, a êvô yôp.

- Alúk, é zèné yà nsònán êzà mìngá

Ve befáam bėziñ bé ngá bò bé lú'u bìngá ná, b'á víáne lat ébon a êzà mìngá, bé nga soñôlô, a woné nyè mèzèn ábùì, a soné nyè, náà á kôlôô é be nnôm á ngá tátė lú'ú nyè, á zu lú'ébon j'á sone nyé.

Ngé mìngá á kañesé nàlé, émìèn á nga jéñ a mèzèné mèválémèválé nà, á kôlôô é be é fáam j'à bìlí nyè, á ke lú'é nyú j' à sone nyé. Éyoñ é kúíyà nàlé, á ntóo alú'ú nsònán êzà mìngá.

Bísáế ású yà é tíndi njéñán ábíáế, mfôláné mvoñe bôt, ndôñôláné méyáế ású mfôláné mvoñebôt, a nnénán áyoñé bôt.

Nálé a ne náà, éyoñe fáam é mbìlí é ngúm étaba'a wé, é lú'ùyà fe, fáam báà é mìngá wè b'á fulane mengul a mètyì m'ábìáé̌, ású yà é kômôné mfefè̌ mvoñebôt a kômôné mfefè̌ ngúmbà ndàbôt ôfé.

Mbú'an ốkpweñe mìmbìàé̌.

É̌yoñ ése fáam è̌ ndôme bì mfè̌fè̌ mìngá, nté é bôt bevó'ó bése b'á ke b'á ndéñe bò màm mefé: memo, a mebốk, fáam báa mfefè̌ mbóm bé sồlánèyà. Bé ké é bốmbồ é sí. É válè̌ nnye môt áse a a líti é nyú mbó'ávál á né̌ , é jốm á né bo , a ávál á né bò jè, éyoñe b'á fulane mengul a mètyì , ású sàngulu yà è̌sáé̌ njéñán ábíáé̌ , a mvoñe bôt , ndembéné bé fe bé né é fôlô, a yálè̌ mfefè̌ ndábôt, a mfefè̌ mvoñe bôt áyoñ été. É̌yoñe mimfefè̌ belú'ú mí á latan avál été átáta'à yà è̌nyìñ álú'ú jáp nje Búlu b'á jố nà: fáam j'a bú'ốkpweñe mìmbìàé̌. Nálè̌ a a tinane náà, fáam j'a yiane tyí'í ngálé nlôtan, ôzáñ, a ntyétyábétáné yà é nlamenlam, tè yem é jốm à né é bètá é ké a jéñ, a bò ntyétyáb ané ốkpweñ ố ngénan ố bè'é é mímbìàé̌ mié̌ míse mvò'é. Bí líti'i belú'ú nà, tyábétyabea dulu, á nga yiane man, amú: w'a ye betá é ké w'a jéñé jé é môte mbó'á tòó?

Belú'ú b'á zu ke ốsú a fulan é méngule máp , a é métyì mábá nàlé̌ , akékúí éyoñ é métyì m'ábíáé̌ máb m'á

tóban, ẹyoñéte mìngá à á nyoñ abum; á nga yange ve náà,
a a ye bíáé món, a tátè mfòláné mvoñe bôt.

Mbòndáné ngúmé mvoñebôt: mvó'ô...

Éyoñe bí á kobô ajó mvók, ẹfíá étè é bìlí mètìnáné mébàè.

É dí ósú é ne bo náà: é ngúmé mvoñebôt fáame jìá j'à
kômôn, a fôlô, bése bé tìí a é métyì mé fáam ètè, ané é
nkômône wòp, já'àné a a fôlô bé bése be bíálè'è é be mìngá
wùá, ngé ki é be bìngá ábùì. Ngé Mvondô a a bíáé
bóbéfáam a bóbébìngá a Ménge, bón bête bése bé ne mvó'ô
Mvondô, ngé nà é mvoñebôte Mvondô báa Ménge. Ve bé
njí dañ é tot é nyìá wòbó éyoñ a né álú'étám. Ve ngé
Mvondô a a beta lú'ú Nkòló, Abu'u a Asàkô, bìngá bête
bése bé nga bíáé nyè bóbéfáam a bóbébìngá, mvoñebôt ètè
èse ẹ ne é mvó'ô Mvondô; ve é bone bése b'á bíálè, bé tìí a
é métyì mé mìngá wùá yà été mmbe bé né ésà mìngá áte. É
bón bése bé ngá só ábùmé Ménge, mmbe bé ne èsà Ménge;
é bón bése bé ngá só ábùmé Nkòló, bé ne èsà Nkòló; é bá
bése ki bé ngá só ábùm Ábu'u, mmbè bé ne èsà Ábu'u; é
bón bése bé ngá só ábùm Ásàkô, bé ne èsà Ásàkô.

Ajóte mvó'ô kala j'a tinane fáam: ésàá; ve ésà kala j'a tinane mìngá: nyìá; akusábò náà bé nga belane bíóm bite bíse né fùláfùlán éyoñe jí.

Mfá'á Mòné Búlu, món a ne é móna ésàá, amú, já'àné é mìngá môt à à lúk, á ntóò é jómé jé. A amú nàlé, món a a nyoñ áyòñ ésàá, éyoñ é mìngá à à bíáé nyè, á ntóò álúk, ngé ki náà éyoñ é fáam è ngá vé nyìà món ábúm j'à kañese nyoñ é móné wè. Ngé mómó, a a ye nyoñ áyòñé nyìá, a nyiñ é ndábôte nyìá èté mvò'é mvò'é, ve a lóba'ane náà móne yà é jañ.

É dí bàa é tìí a abôtà sì , éyoñe fáam èziñ é mànèyà é fòlò mvoñebôt, é mbìlí é ngúmé mvó'ó bôte wè, ngé nà é ngúmé mvoñe bôte wè nàlé, biyoñe biziñ, è tòó fe bisa bisa, ngé á ngá lú'ábùi bìngá; fáam ètè è ngá bo è tóbe ngúm ábôtà sí, é vómé báa be é mvó'ó jé, ngé nà é mvoñebôte jè étè ése b'á zu sôp, ngé nà é tabe. É ne bésèsé'é b'á zu nyiñ áfólà sí étè. Búlu b'á jó êyoñétè náà, fáam èté j'a bôndè, ngé nà j'a lóñé ngúmé mvók.

Mbèán, ntá'án, a ñyémétáné Mvók

Ábôtà sí é ntóo ntóbáné nà é ne é ngúmé vóm é Mvó'ô kalasi kalaka b'a zu sôp, ngé nà é tabe, a bò é mam mésè yà é bínyiñe bíábá é vàlé, abôtà sí étè é nde é ntóo é Mvó'ó

jàbá. Bùlu bé ngá bò bé béěk, a yéméte, a laté bôt a tyia ya
abótàsí étè, bé bo'o bilaté métyì.

Mfá'á Mòné Búlu, é bilàté mètyì bí á yéméte a lat é
Mvoñebôte môtabinam a Ėmominláñ, éyoñ à á bě a yémétè
Mvòk, bí ngá bò bí boba'an, bé fula'ane mètyì mé bôt a
tyia , a é mézèné mà:

- Njàmán ésòk, afóla sí étè

- Mbéáné ngop, afóla sí étè

- Njàmáné mètyì a ěkôb átyè, afóla sí étè

- Nkpwebán a nkúláné mètyì mé mvón, afóla sí étè

- Njàmáné mimbimé yà é ndábôt é soñ, afóla sí étè.

Ajóte é Mòné Bùlu áse à á bôndé ngúmé mvók, a a bě a
yémétè é mvoñebôte jě a Si a fula'an é métyì yà é
mvoñebôte jě a tyia. Mbòán ótè, a abótàsi étè, bí ngá late
Mòné Búlu a é mvó'ó jě ábùì. Mbòán ótè ó ngá lí' ané é
ngùn é njí yian é jáñ, ású é mìaě mí bôt mísè mí á beta
bíálě.

- Ntá'án, a nkômôtáné Jà.

Jàl é ne ngúmé nsámbá bôt ó tò afóla dá, a bése bé tò
éwó'è mbônděa fáame wùá, é nye à á mane tá' ényiñ
ésèsé'é yà é jàl à ngá kômôn, nnye Búlu b'á lóone náà: mìe
jàlée.

101

Ntá'áné mamé yà é ngúmé jà

É bôte bésesé'é mìè jàlée, mbôndè ngúmé mvók,á mànèyà é fôlô, é mbe bé né é ngúmé jàl á bíáéyà, ajóte a a yiane kôm é mané é ták, a kômôtô áválé bôte bése yà é jàl étè b'á yiane nyiñé fùfulu, bé tò mvò'é, bé nye'esa'an, a bé nyiñé fè é mebu'uban été, teke'e jò'òjo'o mbòáné mam, teke'e bentômétà'àné, teke'e zô'è mintáñété, ngé mèjô, ngé mam mé éndu'ulan ézézàñé jábá béèbé. Môt áse a a yiane yem é minnèè míé, é mam, a é bíôm bí á yiane nyé, a é mam, a é bíôm à á yiane bo.

- a lítí bebe'e mebafá mèválé mèválé yà é jàlé dé, é méválé bísáé b'á yiane bo, a áválé b'á yiane bò bìè.

- a lítí metumé yà áyoñ, a áválé méfúlú à á yi náà môt áse yà é jàlé dé à á yiane jéñé nà á bi, ndembén bé né nyìñé fùfulu, bé tò mvò'é.

- a lítí fe é méválé mé mam b'á yiane sá'ále, a nyoñ ané é bityi bí né é dutù nsém è jà, a ndámàné nlam.

Ntá'án éjóè yà ngúmé jà

- Ôyél ôsímésán:

1. – Nyàmôtô, nji'injí'i, nnye a a jóô bôt.

Nyàmôtô a ne z'áválé môtô?

A ne bò :

- é môt á nyiñeyà áyàp, á jáéyà é yén a yemé mam,á
tàbéyà ábùì mímbú a lôt é bôte bevók.

- é môte benyàbôtô bé ngá mane kôm, a só é móngó, nà a
a ye jôô bôt.

Nyàmôtô avál étè a ne bò bìsáé a téle àné:

- Mbôndě ngúme mvoñe bôt.

- Mìè jàlée - Mbôndě ngúmé jà.

- Mìé nlame- Mbôndě ngúmé nlam.

- Nji'injí'i – Mfèfé'é nyàmôtô.

- Kaě á so – É nyú b'á yange- Mbiintúm.

- Nkúkúmá- É nyú à à jóê̌, a tò Mbii bíóm bí mó.

- Njôô bôt- É nyú á né nkòmán a ntéláné nà à à jôô bôt.

É mbôma'ané njôô à á belane nyé :

- Èsò'ó Benyàbôtô

- ású Mbòndáné mefek.

- Èkóóné Benji'injí'i

- ású Nkóbáné méjó, ntyí'áné méjó, a nlébáné bôt.

- Nsámbá Mimbén

- Mingungúl a Miñyóyó'ó mí bôt ; b'á kamane jà, a nlam,
é ndábôt été, a áyoñ été, mfá'á yà é mam mése m'á síli
ngule minsôn, a ayók.

- Nsámbá Mintòtón

- É bíwőlŏ bí bôt bí né bebii bíőm bí mó ; b'á kôtě bôt, ndábôt, a ayoñ, ěyoñ ése jam ěziñ, ngé étom ěziñ bí á kúí, bí síli'i bíőm bí mó.

-Ndábôte njőô

- É bôt b'á dañe tátě é bômane njőô bebě, bé ne é ndábôte jě émièn.

2. - Ějőě j'á boban Ábá :

Abá é ne jé ?

Abá é ne beta ndá, nlőñán é nlam é zàñ, mimfim mí tò ndibán é mfá'á yà é sí, a é mfá'á yà é yőp, ve mí yóo ézèzàñ, mbôma'ané a ndá ése, nté nkőñ é môt a tò ábá ěté a né é yén é nseñ, mbôma'ané a tò énòñé jé.

Yén'éve'ela'ábá òsú

Nyàmôtô áse yà é jàl étè, a bìlí énòñé jé àbá, kòndé é bèté été, dí é tò jè é fèfé.

Abá é bìlí beta ngôn, andé é téle é zàñé abá, beta nkún a tyelé été, a bìlí é mètő'ő b'á díi mé, mé tò mètő'ő m'élé.

Beta buu a tyèlé é mfás a bifase mínlóñ, nne b'á futi é bídí b'á naan été.

Buu.

Ế nkúlé b'á lóñe wôô bôt, a é bíbòmébômẻ bifé bé né é boo
bíe mebốk, bí á bốbốán.

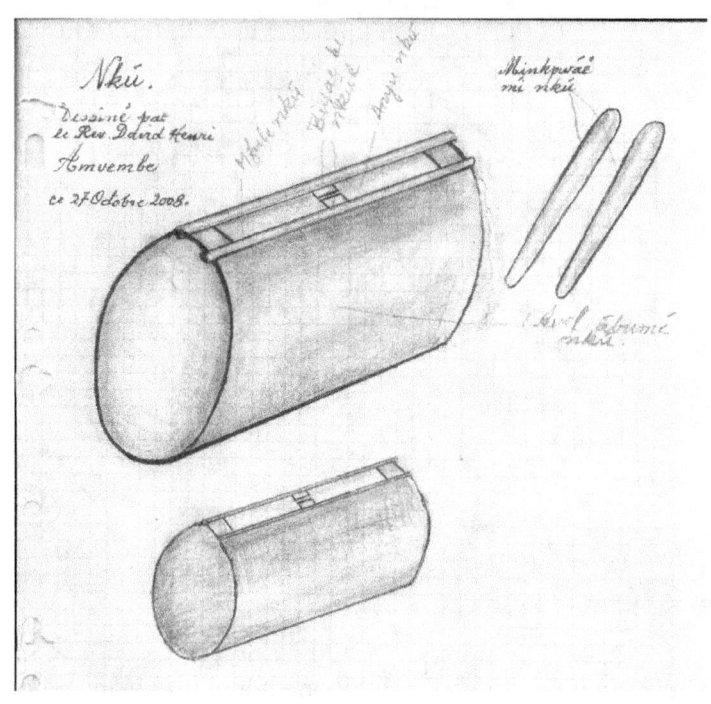

Mìnkú

Mbaẻ

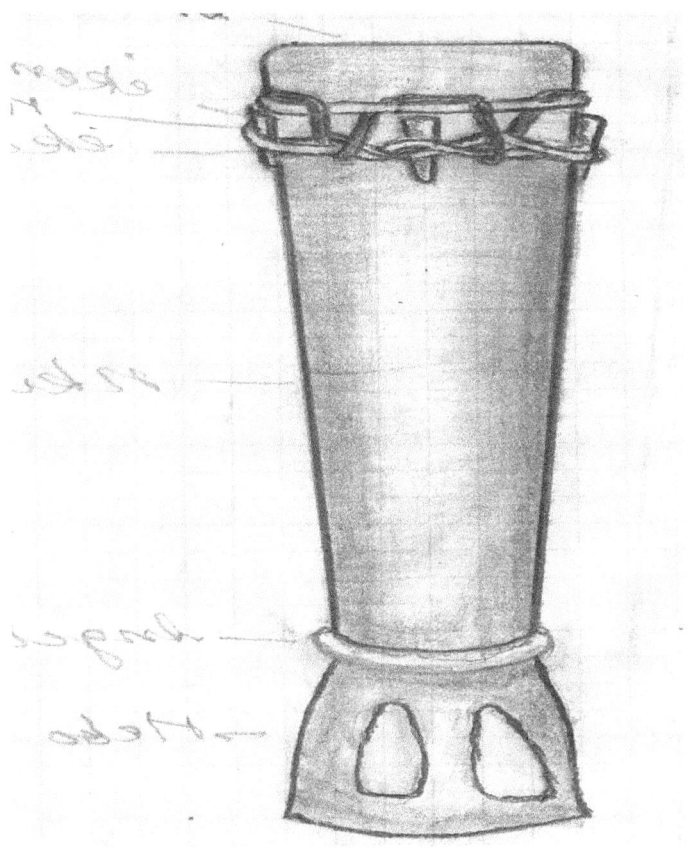

↑Mbaẻ

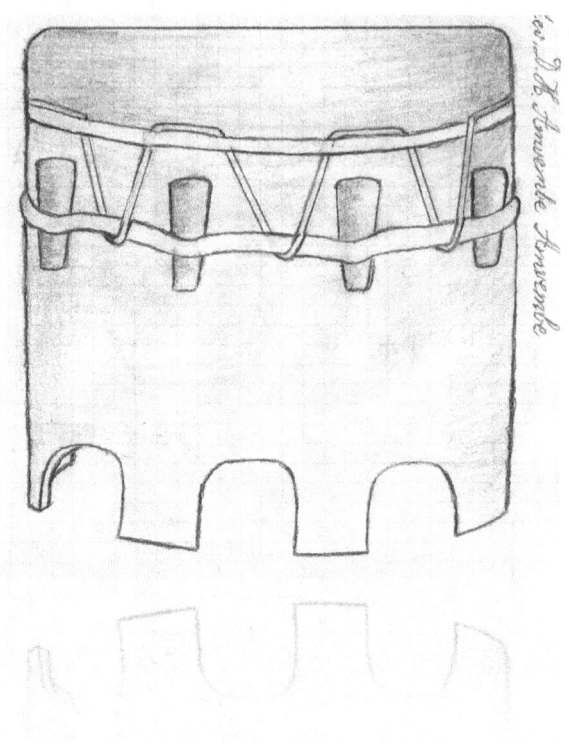

↑ Ngom

Mbe'é sòngó ố téle. Bìnòñé bí kpwáa bí á tététán. Bityí'ítí a bòné bituné mìnkò'ó bílế b' á bốbốán é mefefélé mimfim análế. Bekồndế b'ábèbétán é bìnòñé

benjì'ínjí'é yốp. Mimví'áné beloñ bé ṅkàn, ṅgé ki mínkásá mi ndiñ, b'á fèfánán é mimfim ábáabá. Nkúné mendongo ố tyèlé é mfim análế.

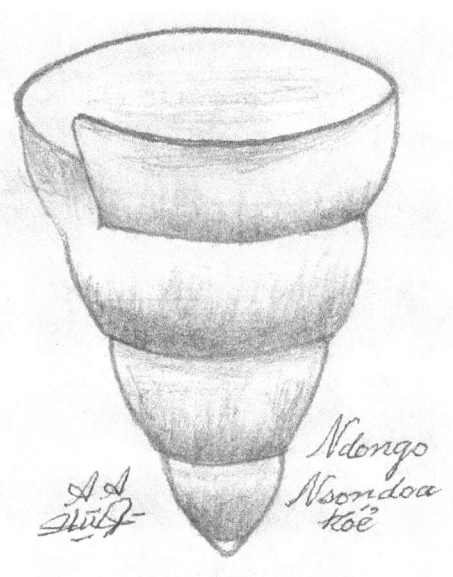

↑ Ndongo nsondoa kóé

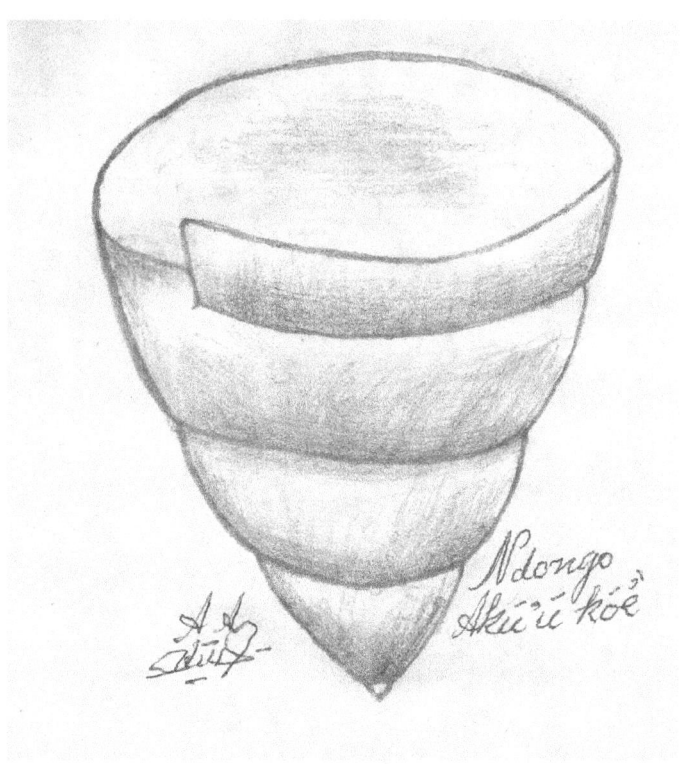

↑Ndongo akú'ú kóé

Awúbi é ndéñè áfefen ábá éziñe válè, òtè'étè'ôtè'étèk.

Bivó'o bí nkél bí áyéyé'án é mèbú'ú m'ábá ngé ki náà, bí á sòsómán é bìnòsí, (ngé nà é bìnòñè è sí), akk, akk.

Beta mfúléyáa ndá átè, nnyè ñhé á ngá tòó :

    - é vômé bèfáam bése a bóbéfáam bése b'á dañe tabe, ané bé màné é só é bìsáé, a é mìnéñ, bé nga láané mìnláñ, a dí fùfulu, a mo, bé kane mìnkànà.

- é vốmé Mòné Búlu à à yále, a yé'éle bón, a kômôtồ
mvoñe bôt, é dàñédañe befáam, amú bó bé bìngá bé ngá
dañe zú b'á nyiñ, báa be benyìá.

- é vốmé Mòné Búlu a a wốk, a fas, a kóbô, a kôm ngé é
tyí'í mèjố.

- é vốmé Mòné Búlu à á nyoñ, a belane bèyéñ.

- é vốmé Mòné Búlu à á kalane ngulenjốán .

Áválé b'á kalane
ngulenjốán

- É mam m'á boban :

- Èsòk:

Benji'injí'i, báa é nyú b'á zu kalané ngulenjốán b'á tátẻ
tabe ésòk.

Ésò'ó b'á tátẻ tabe étẻ j'á vólồ náà :

-bé tu'a màné é tá'áválé b'á zu ké é bò mam é mengana
bôt ; bé tú'á fe mané é kômôtô é môt à á zu nyoñé
ngulenjốán, a tú'à é lítì nyè é jốmé mbòán ốtẻ ố nế .

Bé màné fe tébélè nyè àvàlè b'á zu ké bo é mengana bôt
étế.

111

- Mbòáné mam é mengana bôt été.

- É bíóm a é méndemé yà ngulenjóán b'á kalan :

- Minjáé : é bíóm bíse njôô bôt à à jáé, ané é méválé mengômesan m'á kándê nyé a é bôte bevó'ó bése.

Minjáé mítè mí ne náà :

- èwóman éjóè : étùn éwómané yà é yóp.

- èkôb ákpwè : nsóéáné nkót ékôb ákpwè. Bé ne nyé je jálè kómà'àné, ngé ki mbômà'áné àngétéñ ané ásès. Ndeme njíbán a àbùì ójíbí.

- Ntóm éjóè

Ntóm éjóè w áyiane selan a é mítóm mífé míse é bôte bevó'ó bése b'á jáé.

- Ntúm éjóè.

Ngule yà é yémétè mbambà mimbòán, é nyokané mìnkòbán, é wosan é bôt bése bé n'èbiasè, è ndômetané beboo mìnsém mèválé mése ; é fóñòsò é mbíà bé bôt, á é béboo mam m'ábé bésè bé né mèló b'á yénè áfóla a a jóô.

- Akpwásà éjóẻ.

Ngulenjóán yà é títan, a wosan, a so é bóte bése, a é bíóm bíse, bé né só é nseñ, náà b'á zu ndéñélè, ngé é zametané mvò'ế yà ényiñé fùfulù yà é bôt a a jóô bé

Bisáế

É môt á mànèyà é nyoñé ngulenjóán á ntóo ntébe ôsú, nálẻ mam mése mé ókòố, nálẻ a a tinane náà bôt b'á yange àbùì é be nyé:

- A a yiane bo ásúzo'à à líti é bôt bevó'ó bése mbambà mèzèn
- Á ntóo é môt bôt bésè b'á yange éyoñ ése bôt b'á kốmbô bồndẻ fe'e yà é jốm ẻziñ b'á kốmbô bò fùfulu, náà á zu vé é fe'e jề ; á ntóo kaẻáso.
- Á ntóo é môte bôt bése bé tóo nyé ndi náà, nnye a né é kaman, a yalan, a kôm, a vólô, a yó'é mam mése mé né ndéñéle bôt, ngé é ndámàn é mvò'ế yà é bôt bése bé né éjóẻ jế è sí.
- Á ntóo é môt à á bi ntúm ású yà é kóbô, a tyí'é méjố mése m'á kúí é zàñé è bôt bése bé né éjóẻ jế è sí.

113

Mètìñé yà ènyiñé fùfulu.

Ôyél ôsímésán :

Môtabinam a ne mfí àbùì a dañé jốm èfé ése ; ajốte Mòné Búlu a ngá zu a sémen, a ba'alè môtabinam áse, a tátè'è é be bényàbôtô bése a a té é zú koonè bé éyoñ à à bíálè ; a vá'é bòbényàñé bế bèvó'ó bése ádìt, mveen, a jìn.

- Sémé'en é bôte bése bé né bemvèndế, ngé na bènyábôtô a wò.

- Tè fombô aválé môt étè é mvómé asú. Tè woè, ngé é fiangan éyoñe jam ôsáme d'á kúí é bè nyé.

- Tè bo ayas a é mìngá w'à yeme náà a ne éñwè.

- Tè tátè tó'è ésà, éyoñe mìà nyé mí á dí fùfulu ; yangé'è náà émìèn nnye á jô wò náà ố tó'ế, ngé nà, émìèn á kàláne wò jé é mó.

Tè tube nà ố ke mbíl éyoñ a a lóone wò, já'àné éyoñ a né ñyááné nà a a kốmbô bômé wò.

Tè ta, ngé é bé'é môt, teke'ètom, akk.

- Vólố'ô bôte bése, é dàñédañe mìntè'án, a mìnnồmé mí bôt a bò be mbamba bé mam, ndembén bé né é túì wo metế, a bótane wò. Jéñé ébótán é be benyàbôtô.

Môtabinam a ne ángồndồ, a a dañ é bítêtềa bifé bísề yà
êmominláñ è fek ; ajôte tàbé'e môtabinam áse ntyél ábùì.
Tè tya'a nyé mìntáñété, ngé é váñé é bò nye mbíà bé mam
teke'akála'êziñ. Bò'ákap, avúman, mvam
Tè belane wúp, ngé mèjían, ngé mìnsòs é ndábôte jôê, ngé
é jàlé dôê étê
Bò'ó nyà ngulu, é nyúl a é nlém ; ve tè ke w'a váñe tyà'é
bítom bí né teke mfî.
  Éyoñe w'a sémen, a ba'ale, a bò mam meválé métè, b'á jố
nà ô ne fek, a nyà môtô, já'àné ố ngénane móngố.

Ntá'án, a nlốñáné Nlam

  - Ntá'án a nlốñáné bitaba'a ású bôt.
Éyòñ ése, a é vốm áse Mòné Búlu á ngá bẻ, náà a a zu
kômôtồ mvốk, é beta jam ôsúsúa a ngà bo a bo'ok, éyoñ a a
lốñé nlam, a ne náà, á tátêẻ lốñ ábá, amú é nde é né é vốmé
bôte bése b'á sulan a tabe, é tò fe é vốmé beta bé mam bése
yà é jàlé m'á lítíban, a faseban, a tyí'íban, a boban. Ajốte
abá é mbé mfî ábùì é be Mòné Búlu ; a teke'e nlam êziñ ố
mbé ngule yà é lốñéban teke'abá. Abá étè é nde é mbé é
vốmé mìe nlame a ngá bo a dañe'e tabe.

Abá

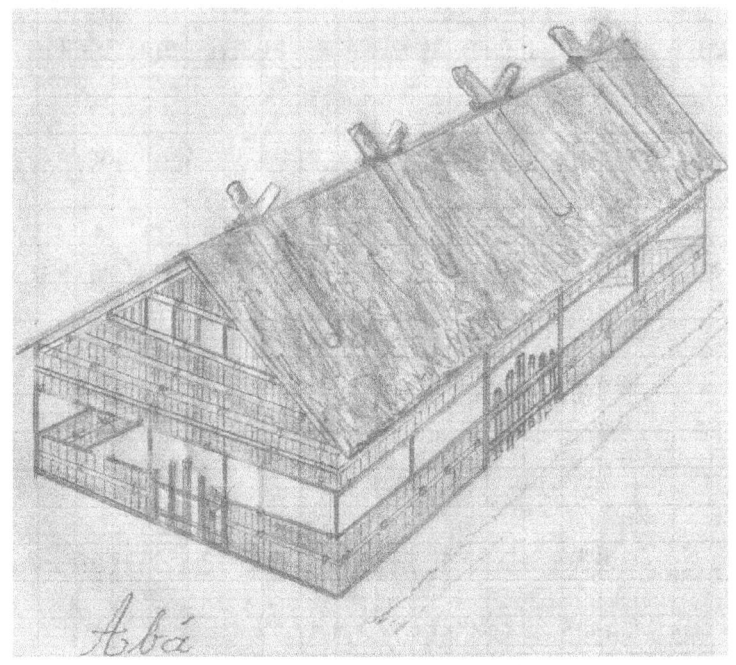

Abá ↑

Bí mànèyà é kóbồ ájố ábá è mvús, ve, amú ábá é nde é né
ntốlé ndá, ngé na ôyélé yà nlam, bí á beta ke ốsú, a yémétè
náà, abá é ne ndá, è télè é nsèzàñ, é vốm é bèfáam bése bé
ntóo ồbè fek, b'á dañe tabe, báa be benyàbôtô, bé vố'ốlô'
éyoñe benji'injí'i b'á láan, a bôndè mefek, a kóbồ mèjố yà
é ndábôt, fúfulu, bése, ású yà é vé mvò'ế, èvốvoè,
ñwốka'ané, a vólồ môt áse náà á nyiñe mvò'ế a é bôte

bevó'ó bése yà é ndábôt été, jốm éziñ teke'e jémbàné môt
èziñ èyoñ èziñ, é̌ tò é jí môt èziñe yà é bè bé á né é bo.

Abá é ne fe é vốmé mìmbéné yà jàl étè b'á tabe, náà bé
fas a yemelané fe é bôt bése b'á lôt, a é mam mése mé né é
boban, a bíốm bíse bí né é kúí áfốlà dáp, áválé bé né é jí'à é
yemelan é mồt áse, é jam ése, a é jốm ése, bí né é zú
ndámàné nlam, ndembén bé né é kaman é nlame wóp, a é
jàlé dáp, já'àné a ne ajố bìtà.

Abá é ne fe é vốmé b'á yéméte, a yé'élè élaté mètyì yà é
ndábôt, é vốm bèfáam bése b'á yiane kee mo vốmé wùá a
dí fúfulu ; a é vốm b'á nyoñ, a belane beyéñ.

Ajốte abá é nde é mbé ábá sikốlô :

é vốm b'á yé'éle :

- ènyiñé fúfulu a mètìñé yà été

- mètìñé yà é ndábôt,

- metumé yà áyoñ

- mfí yà ábíálě a avúman

- mfí yà ényiñé sángulu

- mfí yà é sá'álè é mam mése mé né é nyíñílì mèjố,
  mìntáñété a metyama'ané é ndábôt été

- mfí yà é sémen é bétébe ôsú, a é bôte bèvó'ó bèfé
  bése bé né bemvendě a bíà.

é vốm b'á tátě yé'éle bóngố mèválé mésú bísáě́ :

- bibàábaě

117

- bìtìñítiñi
- bimèémèẻ
- bilóñélôñẻ
- bìbòmébômẻ
  - ású nlóñáné bôt é nkú
  - ású mbòmáné bíóm mébók

é vóm b'á yé'éle fek
- a minláñ a minkañetè yà é beta bé mam mé ngá zù
  m'á boban é ndábôt étê, áyoñ étê, a só é mèlú mvús
  akk.
- a ñyé'élán êndán
- a minkàná
- a aka'angàná
- a meválé bìvòè, ané:
  - nsòláné ba
  - nyìàséséábéme
  - àfíì ànjèk
  - ẻwos
  - sòngó èzáñ
  - njémáné méválé mébó'ó mèziñ, ané :
    - nkôẻ
    - ẻnyengè áyoñ, akk, akk.

Ású yà é jálè é mèválé mé mam métè mése, abá é ngá bìlí
bíóm bìfé ábúì, ané:

118

- Akó'ó njèñ, ngé na akó'éjep, ngé na akó'éjèbá'á, ású yà é jèbé bìkpwèlé, a é sé mvót.

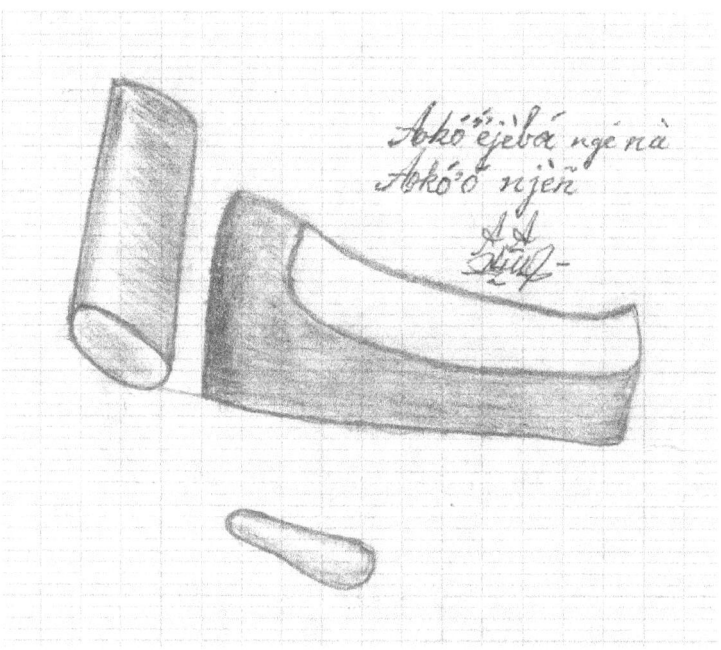

↑ Ètyí'ítí ↑Ôbama'a ↑Akó'ó njèñ

ngé nà Akó'éjèbá

119

Àfèñ, ngé na mbɔ̀'á ójep, mbɔ̀'á éjebe mefa; ngé ki afá'éjebe mefa.

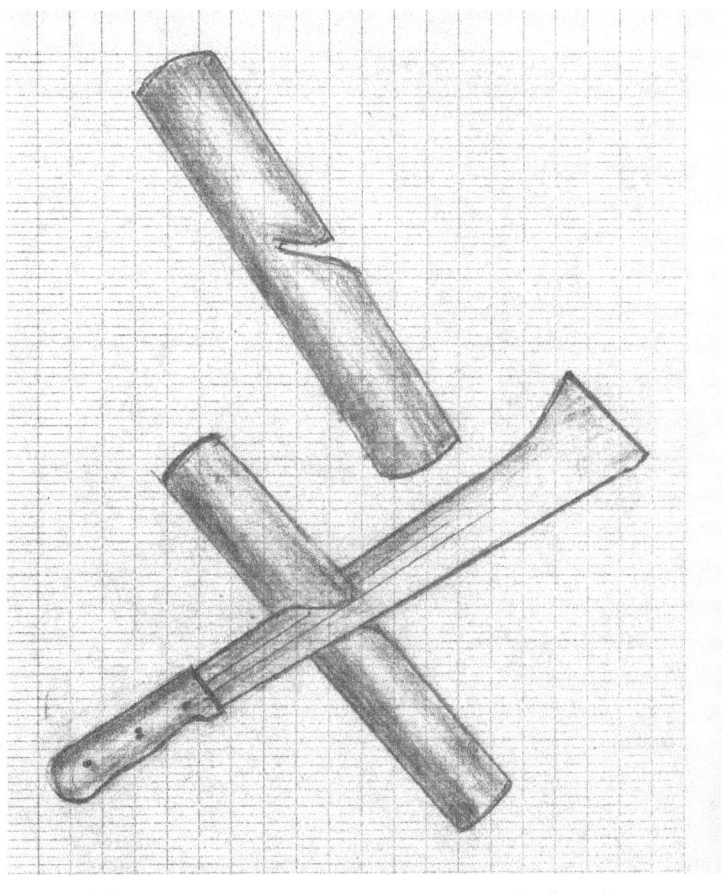

↑ Ėve'ela'áfèñ, a fa ė fàné áfèñ.

- Minkúl ású nlóñáné bôt a njémáné mébɔ́k
- Mimbaė, mengom, menyas, bikótok, akk, ású njémáné mébɔ́k

- Mendongo, mimbíán, mènjèk, mbè'é sòngó ėzáñ, a é mímbàñé mí ėzàñé yà ėtė.
- Beta ėtáñ a tyèlé ábú'ábá dá ėziñ ású bìkà'á mímbéláné bídí, mesañé mejôė, mesañé bènsa.
- Nkún, ngé ásañé mėtô'ô bílė, ntyèlánè é ngôn ė télè é zàñé abá.

Mendá bitaba'a béfáam

Ndá ėtaba'à fáam ė ngá dañe bò ė ė bo'o beta mengab bébàė :
- Zà ndá, ngé nà zàñéè ndá, a
- Ėtuné ndá, ngé ki bitun bí ndá.

Zàá ndá (ngé na zàñéè ndá) ė mbé é vômé fáam ė ngá bo ė tabe'e, éyoñ ė kôlôyà àbá nà a a zu tabe é ndá jė ; a éyoñ a né é zú é láane nnéñ ėziñ, é vôm bé nė ve bé bébàė, ngé ki bôte bèziñ é vôm à né évôvoė, teke'e zô'ė.

Zàñéè ndáa fáam ė ngá dañe bò ė bii bìtò mínlóñ, ngé ki bityí'ítí ; bikob bí bèmé é mimfim, é mévôm bé né é ké b'á naan, a tyelė, ngé ki é fanė bíôm mèválémèvál áné mìnkásá ású yà é bôm é bôt bé né nkpwálá, ėsas ; meló, a ėbiasė , a tyí'í be nlôtan ; a tyí'énges ányu. B'á bútì bé é tyia, bé nga bamele bé é zut, ngé nà é mèkàn a loñ,

121

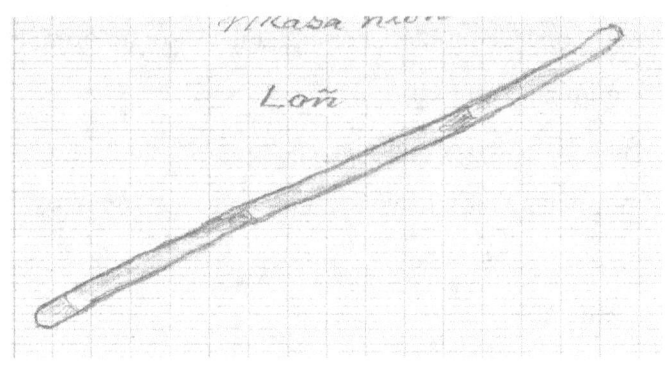

↑Loñ

Loñ ė mbé beta ėtuné nlóñ, ndiñ, mfòp, ngé nkàn. Ve bé bé
ngá bò bé dañe'e bômé bóngô a nkásá áválé mòné nlóñ bé
ngá zù b'á lóone náà ôbôk ; ngé ki a ngbwábè zí'ìm.
mfé'ékôbé tít, ôbôm, mengôñe bémvú ású ḗngbwásá,
minkéñ, mèsès, bibôbòt, minjáḗ, a bíốm bí ábốk, a bíốmé
bivồề ; ákó'ó b'á ko'o dé ėnyaề é bốô é fềfél ėziñ válề, akk.
Beta nká'á méndím a téle é tyia, abú'ú ndá ḗziñ, mbútán a
beta ėkpwásé njeñ.

Mèkòñé mèvók, mé yé'è, ábú'ú ndá ;
Meválé mèkòñ

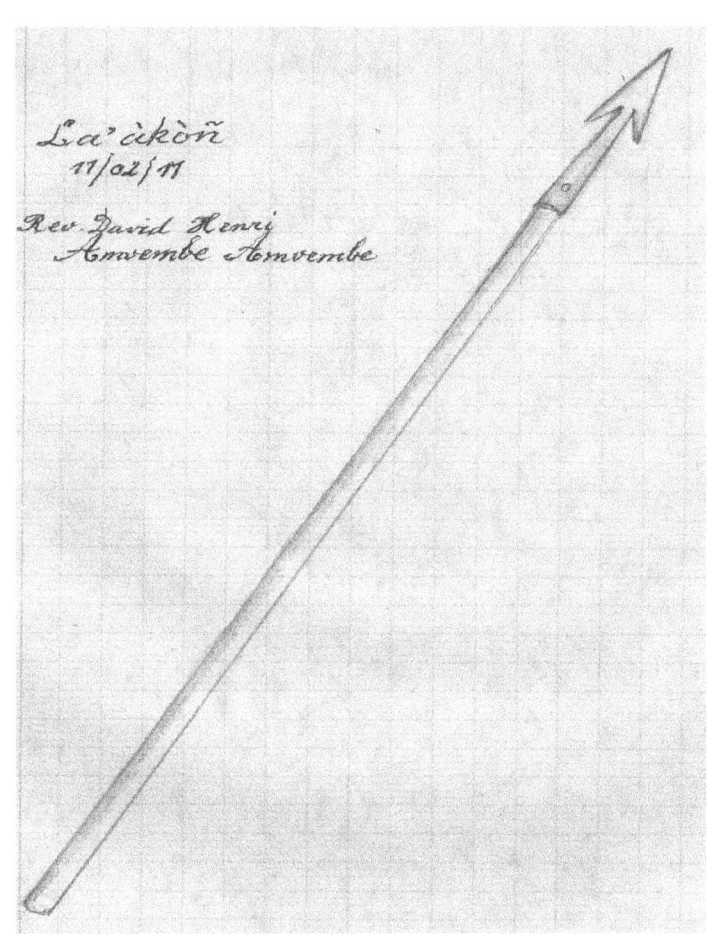

La'àkòñ

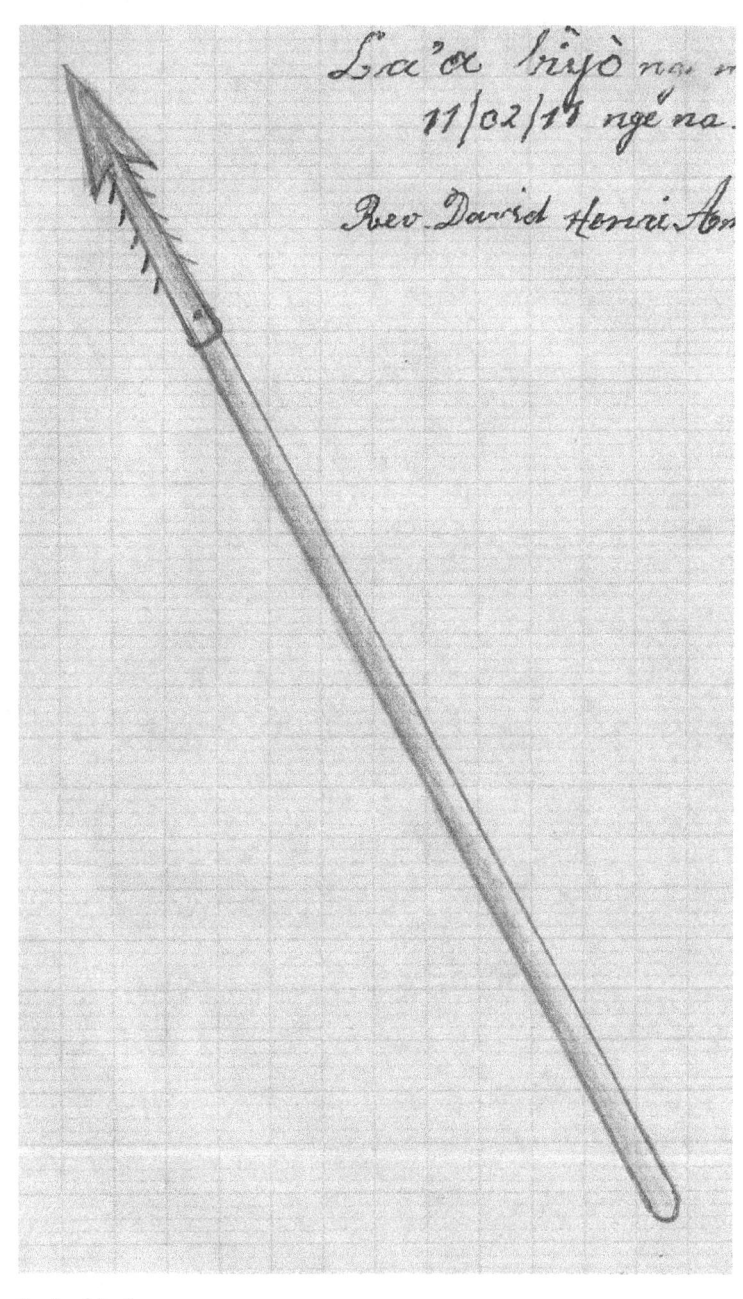

La'a bìyò

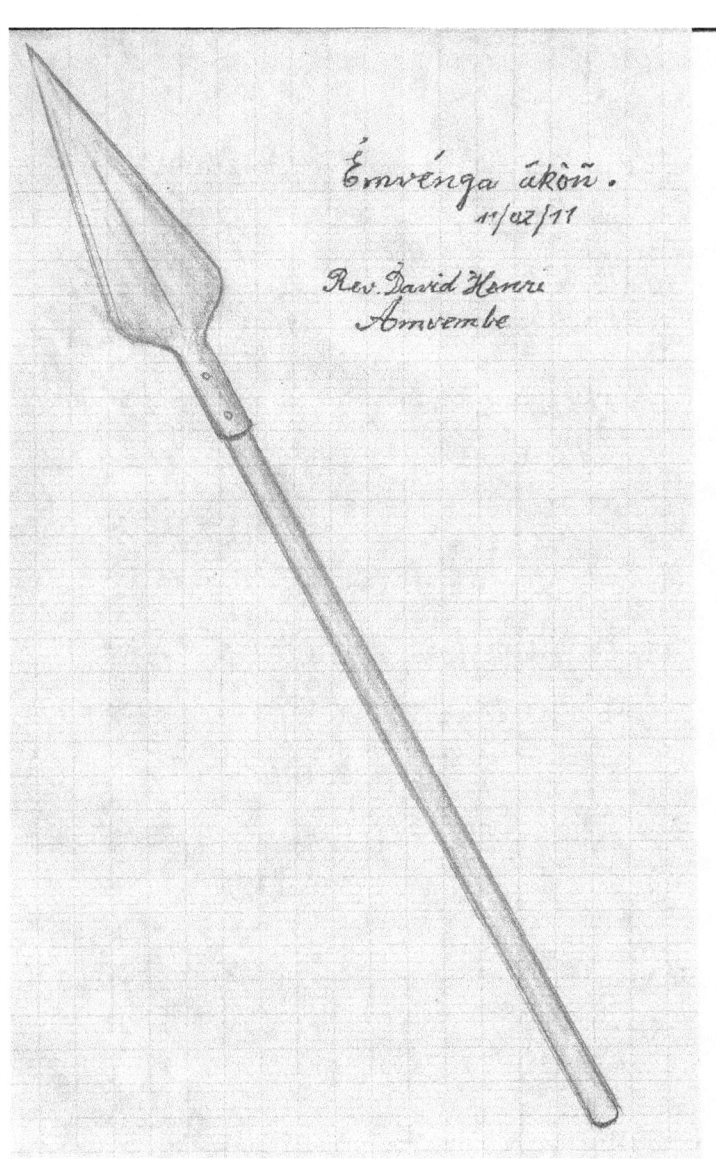

Émvénga ákǒñ.
11/02/11

Rev. David Henri
Amvembe

↑Emvénga

Ėkekat ngé na Azŏk.
Rev David Henri Anvembe
14 Mars 2011.

Ėkekat, ngé na Azŏk

Mengôñ ású bémvú bé éngbwásá.

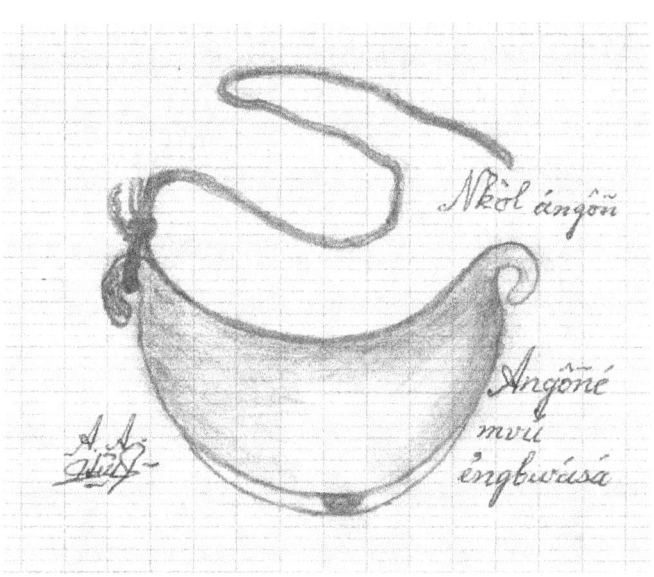

↑Angôñé mvú ẹ̀ngbwásá

Mefa ngé na minkpwáté

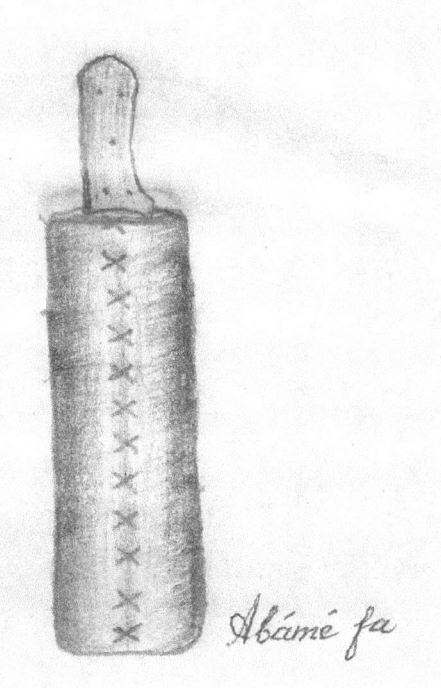

Abámé fa

↑ Fa ẻ tò ábám ẻtế

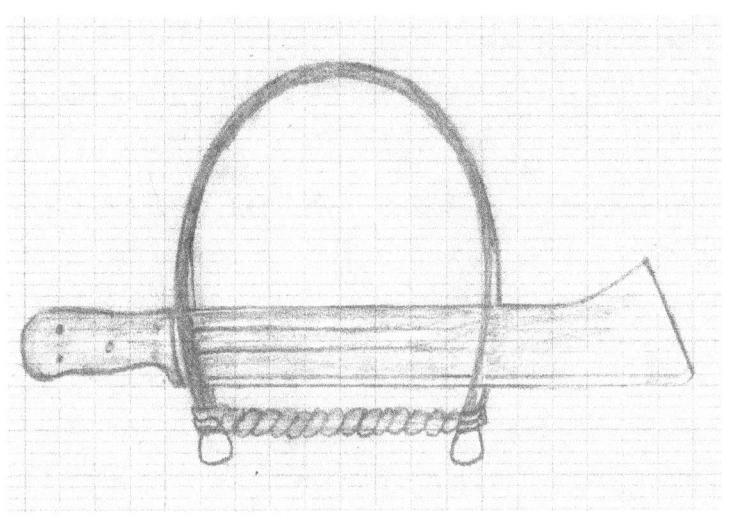

↑Ebe'efa ????

beta ėtáñ á tyèlé, é vốm bé né é bò bé betẻ'ẻ é bíốm bí né ané fende, é lí'í bìdí bí ốbebema, akk, akk.

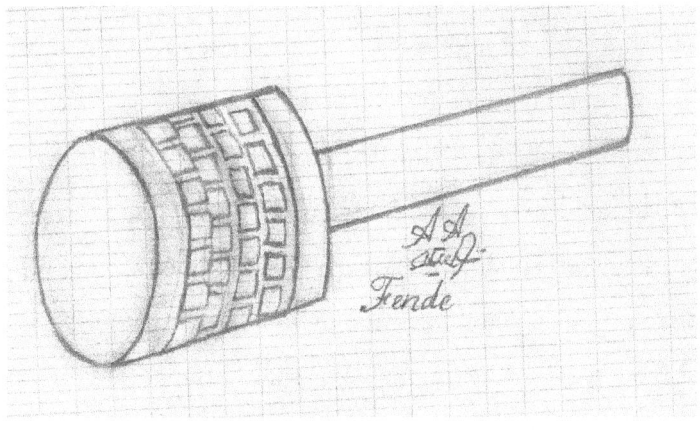

↑Fende

Mevót mé tyèlé é bìlís yà é zà ndá, akk.

E mfá'á yà étuné ndá

Ė́tuné ndá, ngé na bitune bí ndá bí ngá dañe bo bí bii ènòñ, metá'á mímbóñé bílé, ngé minsàláné bìbóñété́, ngé na bibóñétó́ méséñ ású yà é betè é méválé mé bíóm mése a né é kó́mbò́ é ké é naan étùné ndá jé́, é vó́m à á naan é bíóm bíse à á dañe nyane bíé.

Mebú'ú mé étuné ndá mé nè fe áválé mévó́mé fáam è né fe yé́'è́ é bíóm bí né ané bikpwèlé́ : mefa, mèkòñ, avó́n, a bikpwèlé bífé ané mfan,ngé mimfan, akk.

Mimfan mí mbé nkò̀mán a mèválé mé bíóm mébàè̀ :

- mimfané bìvùndí, a

- mimfan bílé́

Mimfan bílé́ fe mí mbé mèválé mébàè̀ :

- ôdák, ású ánòn, a é bíóm bíse bé né é wuà bebè́ ; amú áválé mfan étè é ne teke'e dañ é kè óyàb ábùì. Ôdák ó́ mbé ású é bôt bé ngénan ané bèyé́'è́ bewua mfan.

- àyàbéteme, ású é benji'injí'ibé ntóo beyeme mfan.

Àyàbéteme a ngá tò mfané bìtà, a ású é bétít bé né áyók, bé sili'i náà bé wùáa bé bé téle ò̀yàp. Mimfan bílé́ mí ngá bìlí betem, bé vólô'ô náà ñwua mfan á yeme betè́ ébàè̀ mfan a fombô'ô é ntế óyàb é jó́m à á wua é né. Mfan, è̀faté mfan, nkòbé bibaè̀ bí mfan, bíóm bítè bíse bí ne àbùì sikó́lô.

Mimfan

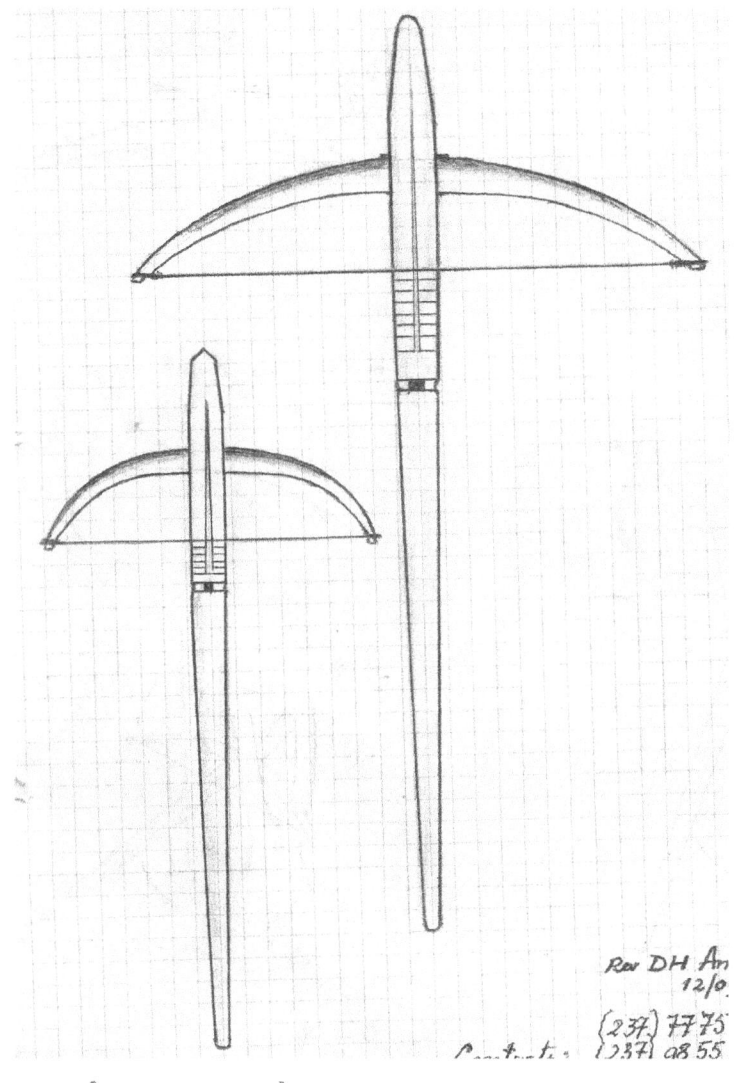

↑ Ôdák   ↑ Àyàbéteme

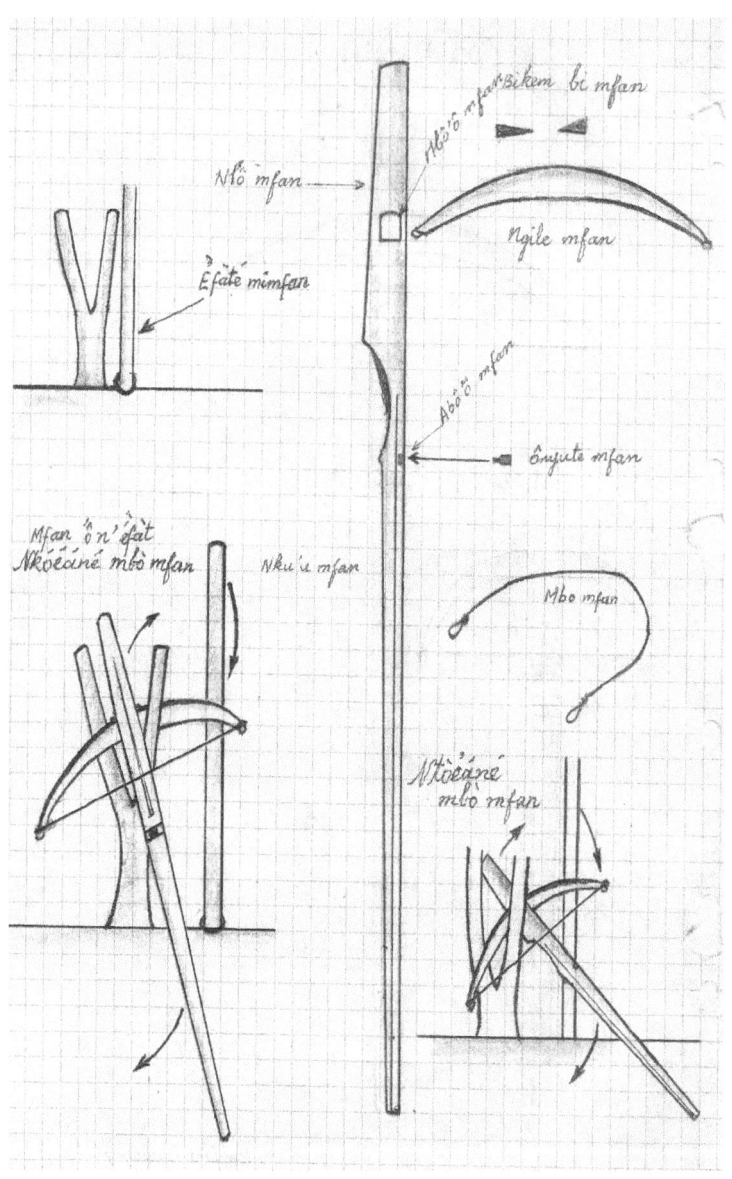

↑Èfàté mfan, a   ↑mengabé yà mfan

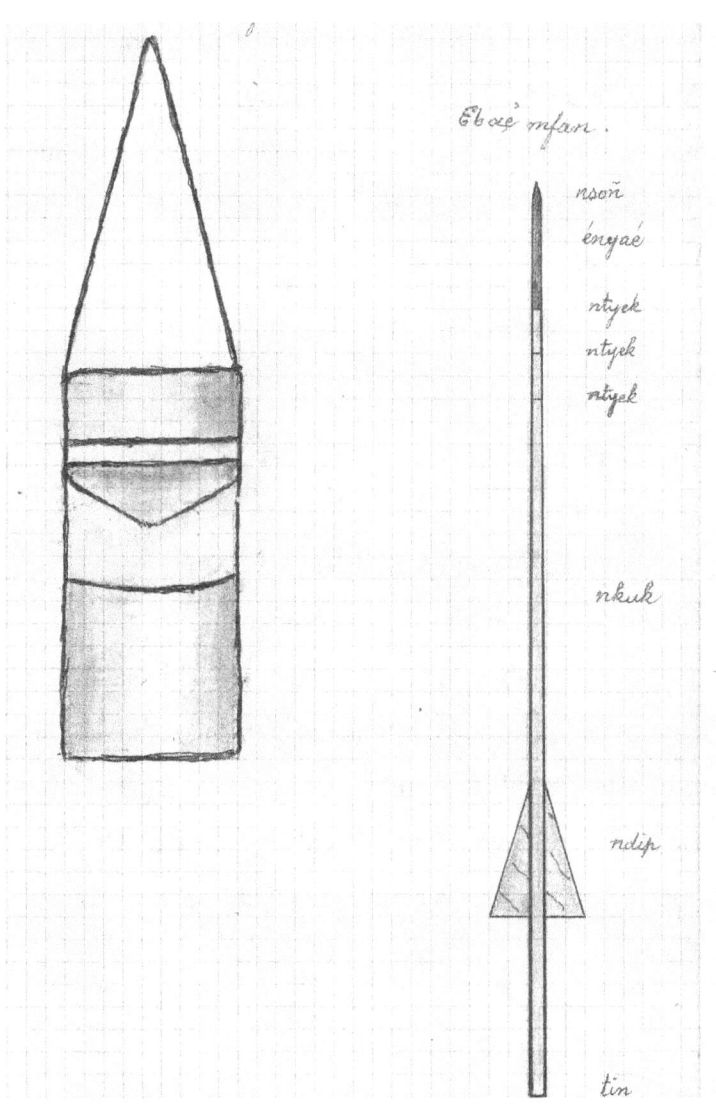

Ėbaė mfan.

nsoñ

ényaé

ntyek

ntyek

ntyek

nkuk

ndip

tin

↑Nkòbé bibaė bí mfan ↑Ėbaế mfan

Bé ngá bò fe bé na'an ngé é solè bíốm biziñ énòsí yà étuné ndá. Amú mèndá ábùì ya mèlú métè mé mbé teke'e bevúndu, bitun bí ndá bí ngá tò díbì àbùì.

Môt áse a mbé ngule yà é tá'á bíốm é ndá jè ètế ávál émìèn à à kốmbô, a ávál ése à à yéné mváế é mfá'á wế.

Mendá mé bìngá

É ndáa mìngá è ngá dañe bò ế bii betà mengab bélá :

- àtúmènkè̀, ngé nà átúm, ngé nà ề̀súnkè̀ ;
- é zàsí ; a
- Àtúmàkòè̀, ngé nà, ếsúkòè̀.

Àtúmènkè̀, (ngé nà àtúm, ngé nà ề̀sùnkè̀).

Biyoñ àbùì, ndá mìngá è ngá dañe zú j'a bi náà, ếyoñe b'á nyíìn é ndá ètế, ndá è bìlí ákàñ é tò nlốñáné bibaè bí zam bí bèté é mìmbốñ, mimbốñ mítè mì bèté é mèndé mé bèmé é tyia. Buu, ngé bitáñ bí tyèlé ákàñ étè è sí. Dí é tò nkòbán è tyia, ếzèzàñé mewut mélá, é bìlí ndúan, ếtáñ è sí.

134

Buu.

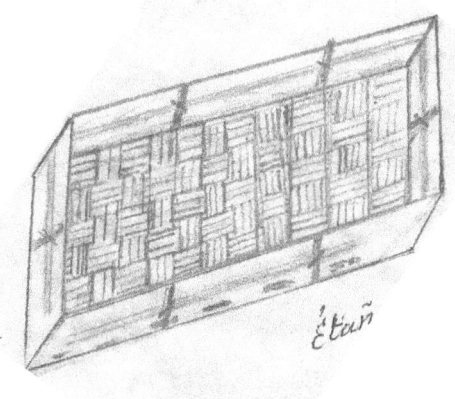

Ėtáñ.

Bìnòñé mìnnèñ bí téle é mefefélé mébàè̀ yà é dí. Atá'á
mengun é téle bìnòñé bítè é mebo é nkè̀, é làtáne mfìmé yà
ésu jíá.

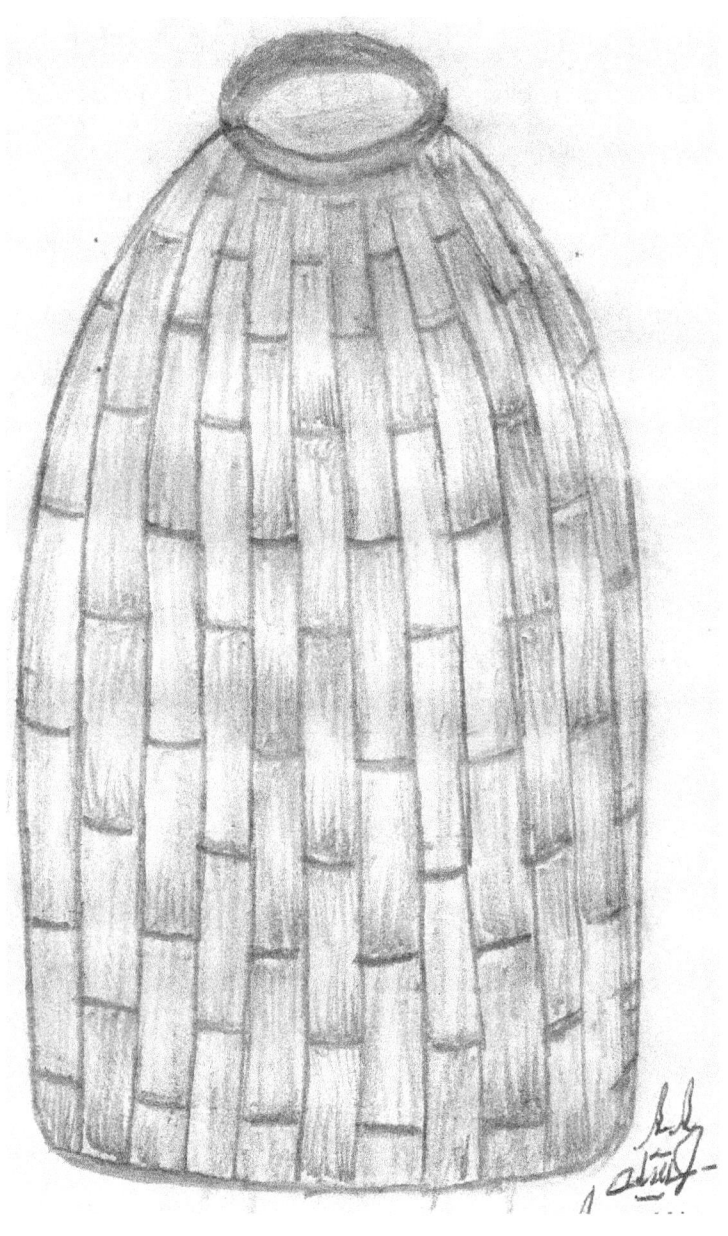

↑Angun

137

É ne b'á télé mengun, bendaza mínkóé, akk, atá'étè. É ne bekúb b'á dañe bíáé a bó'óbô, a bómbô, bé ba'ale'é bóné báp, átúmè nkè wóè.

Mendá mé bìngá mèziñ mé ngá bìlí bìnòñé bílál bí bìlí mí mébàè, ènòñé jíá yà été, é téle é zàñée mí métè mébàè.

É zàsí yà é ndáa mìngá è mbé bebè ané mòné nseñ éyoñe w'à nyíin é mbé. Éyoñ w'à fombô é mfá'à yà ósú, anyíin é mbé yà nseñ é tò wò é mvús, w'a yén, é feféle é mfìmé yà é fálák, ndóba'ané a ású dôè :

- Atá'á bíóm bí kisin
- Biládíp

Éládíp

138

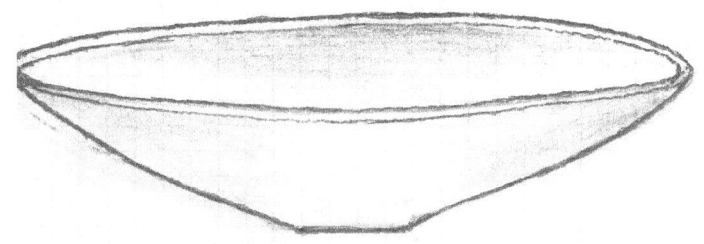

Bikándá bílé

↑

Ẻkándá

Bòné bikpwányúáné mendím mé zóñ

Bèmbatɔ́'ô

Bèmbatɔ́'ô

Metôk

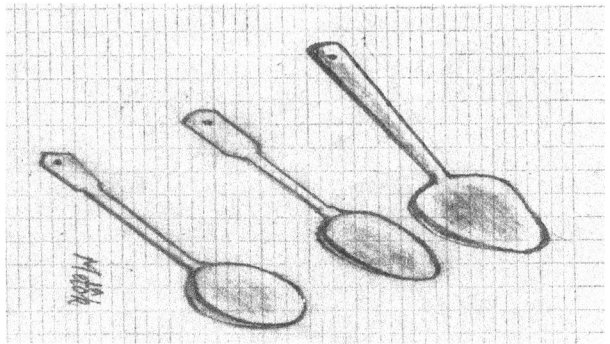

↑ Zezě metó'ô bílé ású ndían

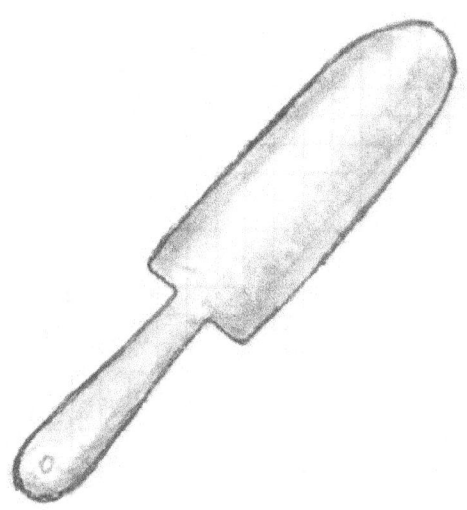

↑Mbèp

Bòné bikpwásé bí njeñ ású nyúáné zóñ

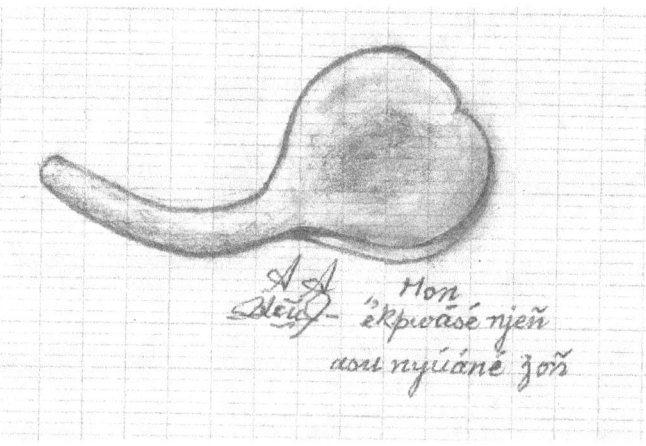

↑Ėkpwásé njeñ ású nyúáné zóñ.

Beta bikpwásé bí njeñ ású nyúáné zezé
mèndím mèvóé.

↑Ėkpwásé njeñ ású nyúáné méndím

Mìmbàɛ̀

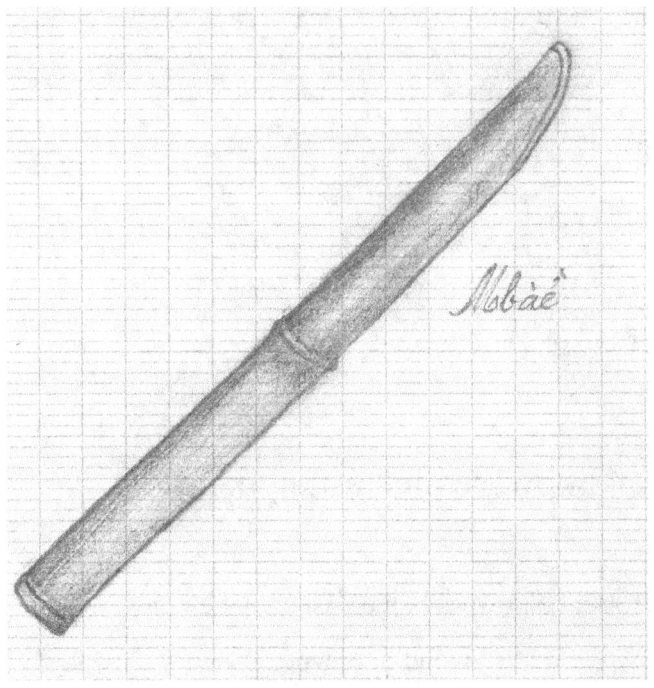

↑ Mbàɛ̀

Mìnkún

↑ Nkún

Metán

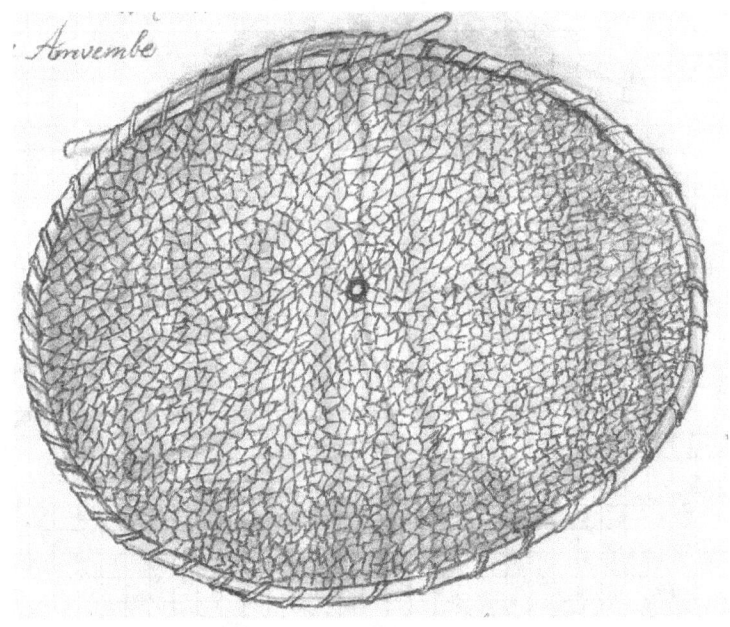

↑ Tán

Bíốm ábùì yà étế bí ne bốmbồ átá'ếtế, ngé é tyebe é bikob é mfim, ngé bí tyèlé é bikop, é mìnkún, ngè é mìnkóế ếtế, ngé ki bí bèté é zezế bikop, mintúm a mìmbàế ; bityiñili bí á tyètyélán ;

Àbébề, mèmvề a mèvìèk, mmềán a ètèk, bí á tététlán é mèbú'ú mé ndá ánálế.

É beta ákó'ó b'á ko'o nyée bidí a bôô é vốm bé wố'ồ ké é kò'ó bìdí, mbútán a beta afìb évín élé, é ngo'o b'á ko'o jè bìdí, è bèté évín étè é yốp.

Ngo'akók, ngé ki. ngo'abóñe zok.

↓   E̊tyí'ítí ↓

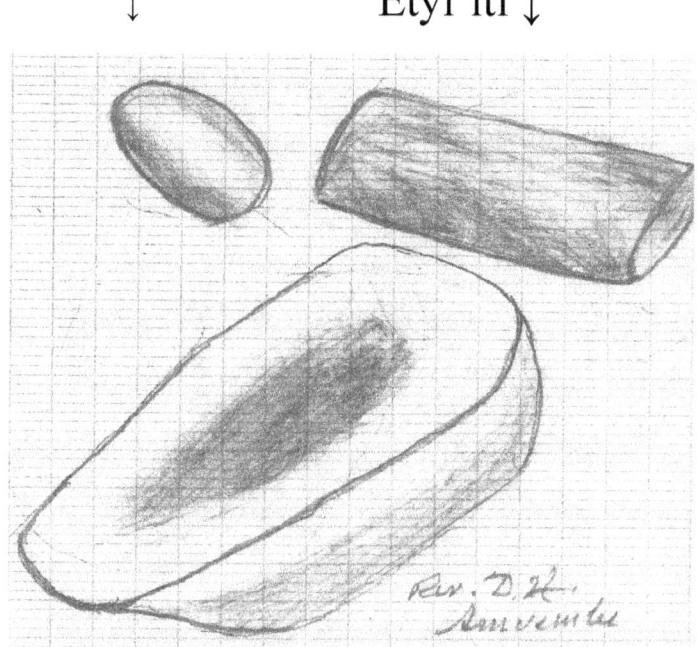

Ákó'ó b'á ko'o dée bìdí↑

Ètòétyí'ítí   ↑Ngo'asố   ↑Èfíásá

Èfíásá è mbé beta àfìbé mbàán évín èlé ású nkò'áné ndó'o.
Bé ngá bó bé bela'an e nkốt ébùmá ásốl ế bìlí é méfès m'á
duñ êtê.

146

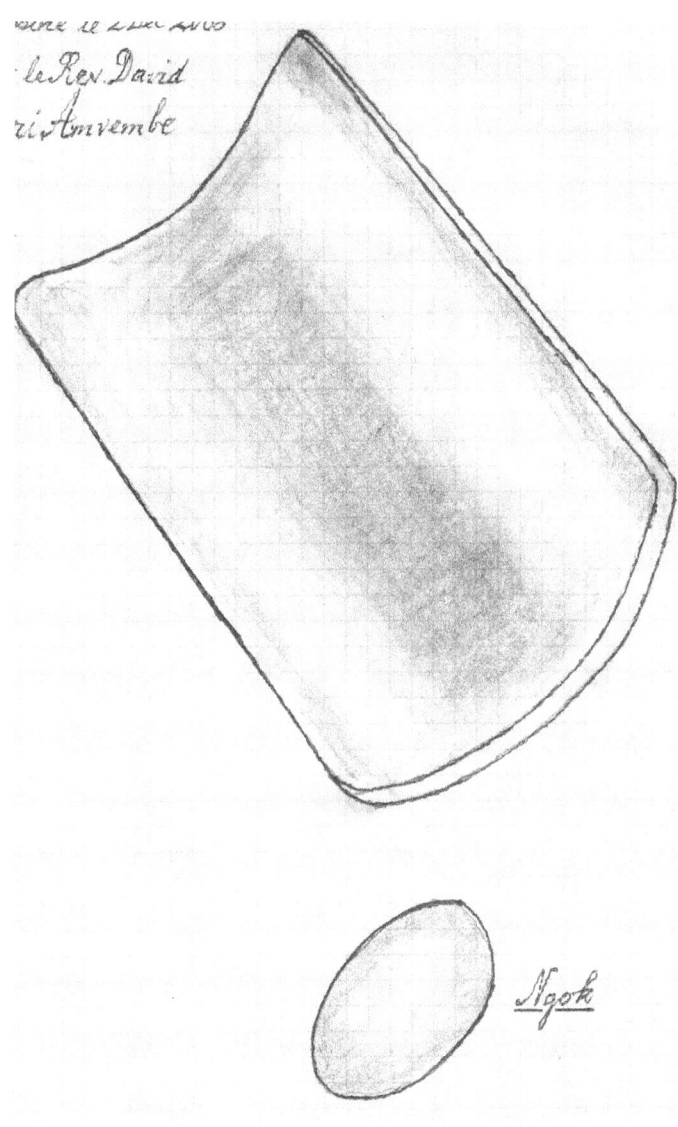

↑Ngok

147

↓

↑Ntyóp   ↑Ntúm

↓Ntúm

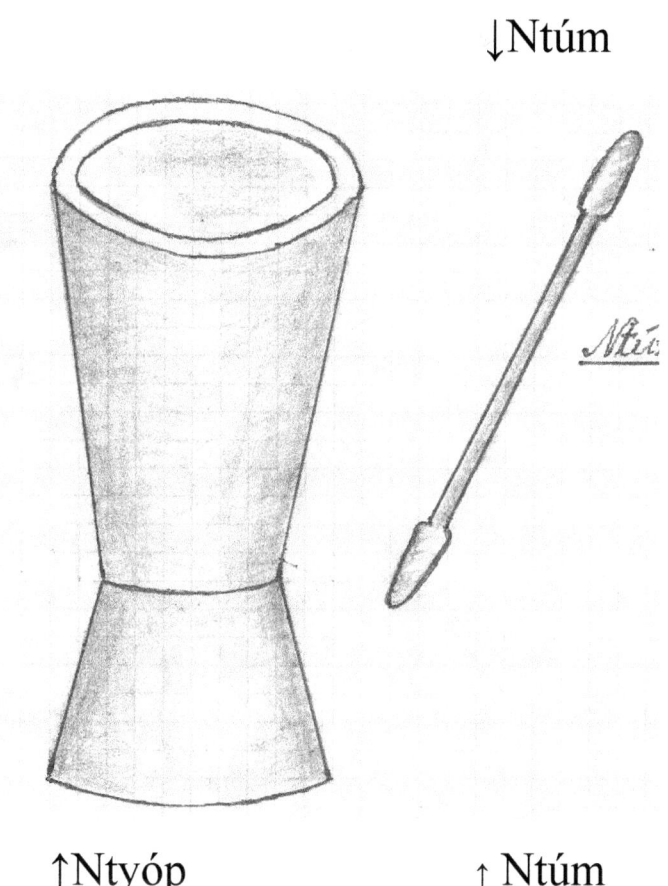

↑Ntyóp   ↑ Ntúm

↓ Mbek

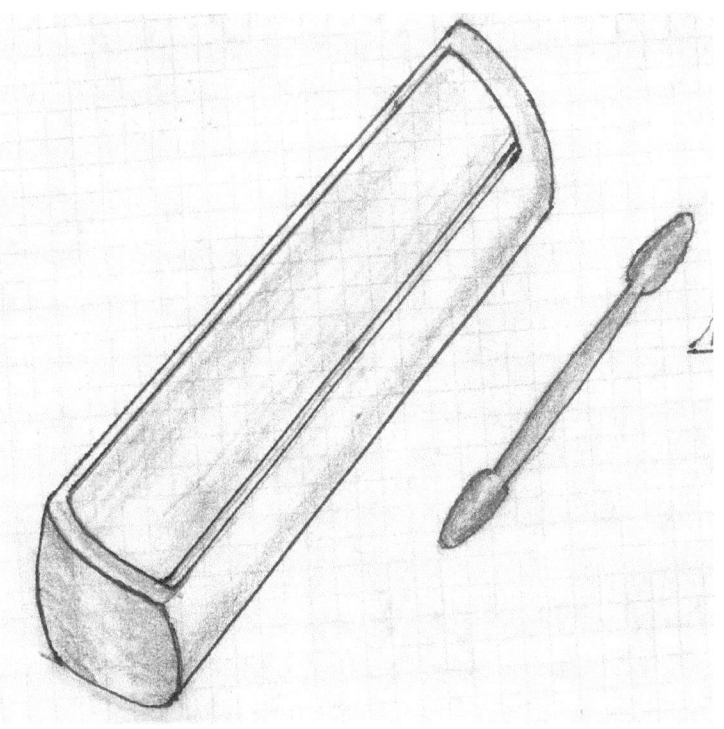

↑ Ntúm

Beta ĕmvañ, njálán a bívŏ́vòè méndím, a télè é tyia é fèféle mfim, é mfŏ́m àták, mbútán a é beta ĕkpwásé njeñ b'á nyúu nyée mèndím.

↓ Ėmvañ

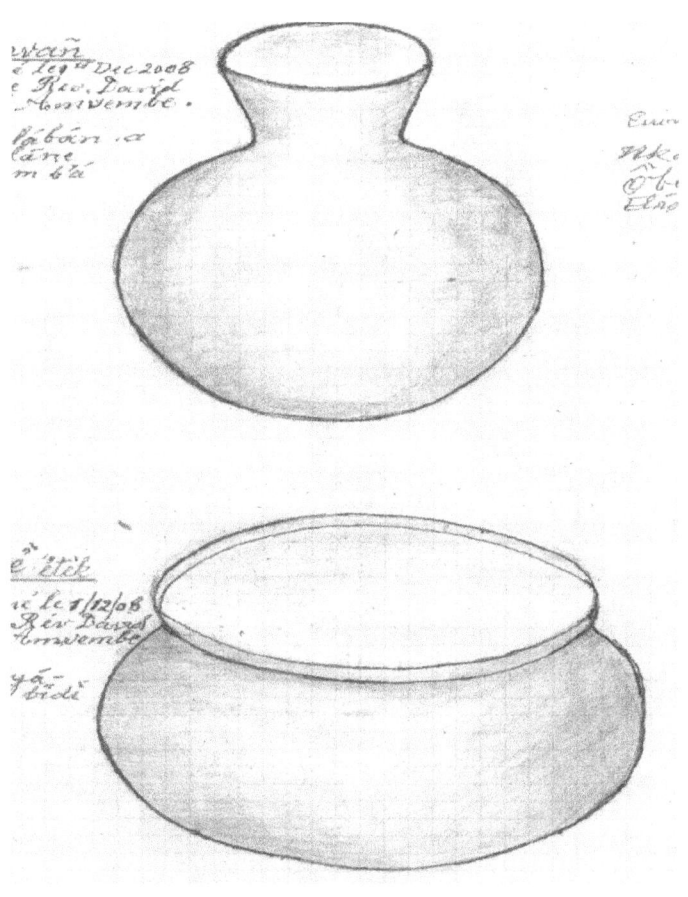

↑ Òbè étèk

Minkóé, mefa, bibak, bìàt a bìkàt, akk, bí á tyètyélán é
bikob ésúkôè ; Nkóé

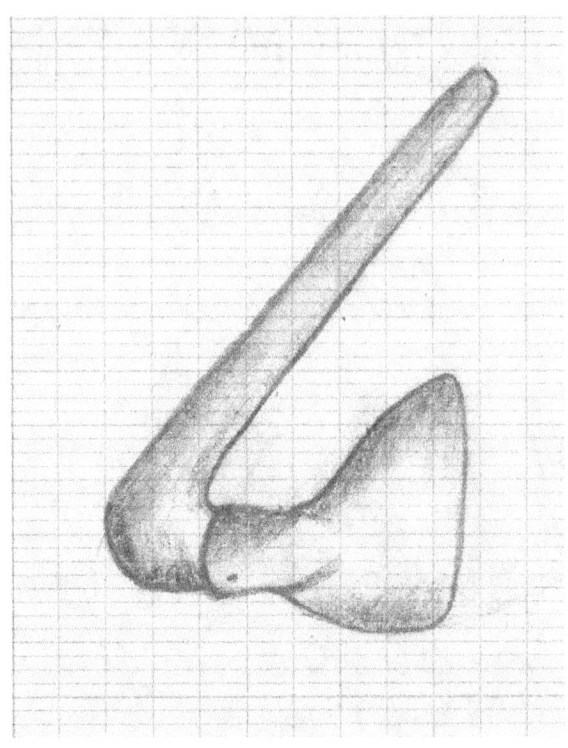

↑Ẻbak

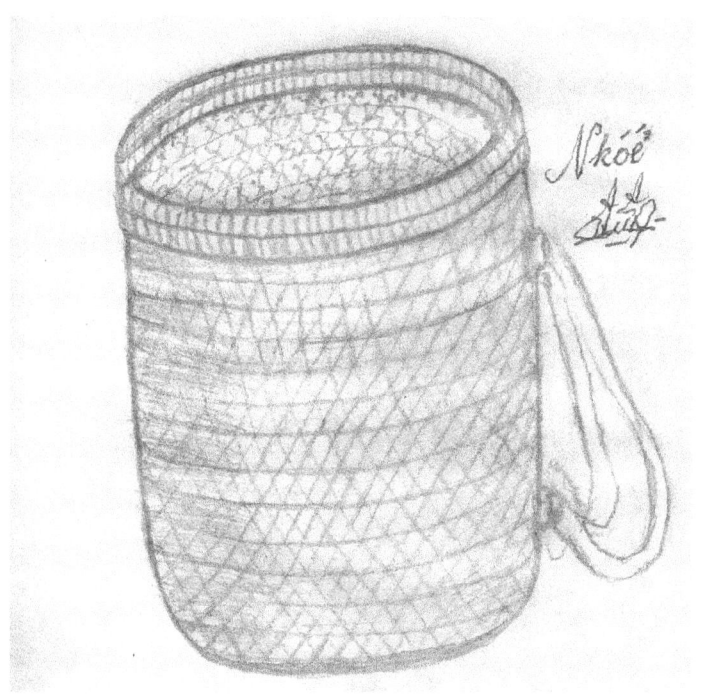

↑ Nkóé

Jàt

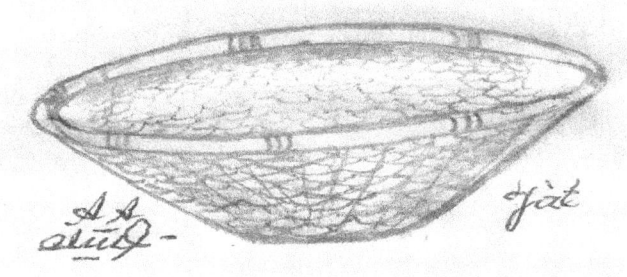

↑ Jàt

Èkàt↑

ènòñ ókèkámbá é télè é mfômé mfim ésúkòé wè ; é vômé mìngá á né bò á kele'e wo'on, ngé ki é vôm é béyéñ b'á suan bé né é tátè é wo'on.

Ntá'án a nlốñáné bitaba'a ású bíyém, ngé na kpwa'a.

Biyém bí ngá bò fó'ó bí wulu'u fìlí biyoñ àbùì, biyoñ àbùí fe, bí tìí, ngé ki náà bí bè'é mèfák, ngé ki bibốñétố méséñ è tyíñ éyoñe bí nga dañe ntô'a. Ve Mòné Búlu a nga bo a lốñe biyém mèbèmbá, náà bí bò bí bốmbô'été a alú, amú bètíté mekulé yà é mefan bé ngá bò bè bii bíé, bé nga dí. Nde bé ngá bò bé lốñè bíé mèbèmbá, mé tò bòné méndá bíbốñétố méséñ, ngé bisàsá bí ốbaẻ ngé ki tyia, bé fombô'áválé jốm b'á wosane dé nà é bo teke'e nyíìn ábèmbá nà é bi biyém.

Mèbèmbá ású é bétit bé nế mebo ményiin.

Mèbèmbá ású bikélá

Mfá'a yà été, mebèmbá ású bíkélá mé ngá bò mé bii bibốñétố méséñ bí bèté é mèfá'à yốp, mefá'á métè mé bèmé é sí. Bikélá bí ngá bò bí bebe'été éyoñ bí á kè ốyó, ngé bí njí kốmbồ é bốmbồ é tyia. Amú bikélá bí á dañe nye'e bí bèté é yôb ábùì, já'àné éyoñ bí nế ồyó.

Mèbèmbá ású mintốmbá

Mintốmbá mí mí á dañe kè ốyó mí bốồ é tyia. Ajốte mebèmbá míntốmbá mé mbé mfúléyáa, ábèmbá ẻtế.

Mèbèmbá ású ánòn
Mèbèmbá ású békúp

Mèbèmbá ású békúp, mé ngá bìlí fe é mévốm bèkúb bé mbé ngule yà é bebe é yốp, ếyoñ b'á kè ốyó, amú bèkúbé fe b'á nye'e bé kele'ốyó bé bèté é yốp.

Mèbèmbá ású bilolě

Mèbèmbá bilolě mé mbé fe mfúléyáa ẻtế, ané mèbèmbá míntốmbá ; amú bilolè fe bí á dañe bốmbồ é zezẻ tyia metyólók, teke dañ é kè ốyó bí bèté é yốp.

Bé ngá bò fe bé túbe mòn ábế é mfim é ndáa mìngá ású yà náà é bényìá békúp, a é bényìá bilolě b'á bíáế, ngé é bố'ốbô, a é bá bé nế mìnjéjàế bé bò bé kele'e bốmbồ é ndá ẻtế, é vốm bé né wố'áyốñé ndúan, báa be é bóné bábá.

Ve é ngá bò fe é kúi náà benyìá bémvú, báa be é bóné bábá fe bé ngá bò bé bela'an é mébế yà mimfim métè náà bé fe

bé bò bé kele'e bɔ́mbɔ̀ é ndá ètè, é vɔ́m bé fe bé né é
wɔ́'áyɔ́ñ.

- Ntá'án a nlɔ́ñáné bídúk

Bidúk, bí mbé mfá'áné beta ébɛ́ è tyia étɛ́, ėbɛ́ étè ɛ́ tò
mbútán a bituné minku'u bílɛ́ bí tò nlàtà'ané mìmfá'á
míbàɛ̀, ve èfándán ɛ́ tò é zàñ ábímé môt a né é tébe, a
sɔ́mbɔ́, á nga ke édúk, mvò'émvò'ɛ́, teke'é jɔ́m èzíñ j'á
ndéñélè nyé éyoñ à á bo jam étè. Bé ngá bò bé mane'e lɔ́ñé
ñyé'éla'a, ngé mòné ndá, èdúk, ású yà é vólɔ̀ náà, ja'a
mveñ j'a nóñ, môt a ne bò teke botè mveñ éyoñ a né èdúk.
Ndè fe náà, môt a a yiane ke édúk, a tò é vɔ́mé bôt bé njí é
yéné nyè.

É mòné ndá yà édú'àtè étɛ́, bé ngá bò bé futi'i minkélé'é
mí fɔ́n, (tò'é mí bezôzô bé fɔ́n, to'é mí mínkɔ́té mí fɔ́n). Bé
ngá bò fe bé futi'i mèkáɛ́ mé ɔ́kɔ̀ñ. Bíɔ́m bítè bí tyèlé é
mòné nlɔ́ñán ɛ́ngándá nden, ngé mìnlóñ, ású yà é vólô náà
môt á timbáan ané a màné é kè édúk. Búlu bé ngá bò bé
ba'ale'e bìdúk, mèbèmbá a bitaba'a mfúbán, amú bé mbé
teke nyè'é mbíà menyum.

157

Ntá'án é bíốm bìfé bí á sílíban.

- Minseñ

Mebá mé ngá bo mé dañe'e tébe é beta ėndendañé nseñ é
zàñ. Nseñ ố mbé teke'e bilók ; tyia ė tò mvósán a bivó'o,
ngé ki a mebúí mélén. Vốm àtè nnye bé ngá bò bé bo'o
bìvòế mèválémèvál a jémé fe mèbốk, bôt bé tò ngule yà é
sulan ábùì.

- Mefálák

Biyoñ àbùì, mefálá'á mé ngá bìlí mèbèmbá ású bíyém,
mekun, bìdúk, mìnkốk, bikabė, bilế bìbùmá : àfùmbí, befìo,
befốfo, ngòmbàñ ngé na ônyòfío, metíné bikon, metíné
mejôė, mèlén, mèfúb mé keká, akk. Bíốm mèválé métè bí
ngá bò bí yénė'ė é mèfálák, já'àné bíốm bítè bíse bí njí bo
bí yénė'ė mefálá'á mése, ėyoñ ếse, nlam ốse aválé dá.

- Mekun

Mekun mé ngá dañe bò mé bo'é mèfálák, é mévốm b'á ke
wuà mebuka'a, minkéndek, a bìkùté bídí, a kút é mbúan
ốse b'á vaa é mèndá, a é minseñ. Akun é mbé fe é vốm
bìyém bí ngá bò bí kele'e jéñ é bìdí bíáp.

-Ànjèñ

Nlam òse w'á yiane bì é ngúmé vốm b'á láb é méndím
b'á nyú, mé tò mfúbán ; mme b'á nyú, a é mmè fe b'á yáme
mée bidí. B'á láb áválé méndím étè, é ngúmé vốm ố né
mfá'án áfốla mèndím m'á kúí é sí, ané é mìmfúbáné
méndím m'á só é sí ètế métè mé jáế ébế étè, mé nga fúlúku,
mé nga ke m'á len, a siliki, mé kele'é nkề. Búlu b'á zu b'á
lóon avál ébế mímfúbáné méndím étè náà : ànjèñ.
Ngúmé zèn ố mbé nkồmán, ố kốlô'é nlam, ố kele'e kúí
ánjèñ. Biyoñ àbùì, bé ngá bò bé lốñe mòné mbásé ndá
ànjèñ é yốp, ású yà é kamane náà, biká'ế bí bo teke'e ku
ánjèñ, bí nga mane booẻ ánjèñé ètế, a ndámanè mèndím, a
vé ánjèñé mbíà menyum.

-Abốñ ốsốế

Abốñ ốsốế é ne é ngúmé vốm b'á kôm é mfốmé nlôtô ôsốế,
a tá'é bíốm bísè bí né é vólồ náà bôt bé bò bé wóba'an, a
sôbé bíốm àfốlà ốsốế étè, mendím mé tò ábùì, a mfúbán,
teke'e mbíà menyum mèziñ, teke'e bìbàn.

- Ntá'áné mèzèné yà :

159

- é ngótó

É zèné j'à só é míléyàt, ákù'ú ngótó dá, è̩ za'a lôt é nlame wóngán, j'a yiane túlan é zàñé àbá, a lôt, è̩ kélé̩ é nlam ó̩ tó̩ô̩ é nlame wóngán, é míléyàt, ákù'ú ngótó ávók.

- é mekun

Biyoñ àbùì, mekun mé ngá dañe bò mé bo'é mévó̩m b'á ke bò bé kútuk, ngé nà é mévó̩m b'á né'e mbúan. Mekun mé ngá, dañe bò mé bò'é mèfálák, é dàñédañ ává́lé mévó̩m fálá'é̩ né nlúmbu é mvúsè ndá. É ne b'á ke wua mbúan ó̩se válè̩. Ajó̩te ngúmé zèn ó̩ ngá bò ó̩ kó̩lô'é mèndá, ó̩ kele'ákun, zèn éte è̩ tò é̩ngé̩ngé̩ñ a mfúbán.

- é bìdúk

É ngá yéné̩ biyoñ àbúí nà, é zèn j'à kè ákun, é njè fe è̩ ngá bo è̩ túla'an a ke édúk, ve sàá biyoñ bíse.

- mèfúp, a é mefan

Biyoñ àbùì é zèné j'à kè é mèfúb é̩ ngá tò beta nnó̩ma zèn, a kó̩lô'é nlam, a kele'áfan é̩té̩. Beta nnó̩ma zèn átè a mbé ngule yà é ké a túlan a ké suan é minlam mifé, ngé ki é

160

bìlí'í biziñ. Mèzèné méfúb mé ngá bò mé kele'e m'á yále, mé kốlô'é nnốma zèn átè, mé kele'é méfúb mé nế é mèfèfélé mè zèné mébààne. Nálẻ a ngá bo a bo'o náà mèzèné méfúb mé ngá bìlí ábùí méfás a àbùí mà'án.
Mèzèné mìnsốm mé mbé fe mé yénẻ'ẻ, mé yále'e, ve mé tìí a nnốmà zèn átè.

é vốmè yà ndímba ngé nà :
- ốbebema.

Nlam ố ngá bìlí fe ngúmé vốm, ngé ki mingúm mévốm mé mbé nkồmán, a mba'alán, ású mam mé ndímba. Mevốm métè mé mbé ngule yà bò bityité mefan, mingúm méválé mìnkồmáné bílế mínkúk, mingúmé bibalekeseñ, mingúm méválé miñyeka'a mékók, mingúm méválé mìnkồ, mefúbé mesoñ, ngé na mevus, afúb meyàñ, bilók, mindík, a bíốm mèválémèvál ású mebiañ, bí yénẻ'ẻ fe meválé mévốm métè. Vốme yà ndímba, ngé nà vốmé yà ốbebema a nè fe yénẻ é ndá ẻtế ; ngúm ẻtuné ndá ẻziñ, ố tò ngúm áválé nkồmán, ású míngúm méválé mé bíốm, a mingúm méválé mé mam.

Ếyoñe jàl é nga fôẻ, a bui, nlamé fe ố nga nén, a yap.

- Mendá mímbóm

Éyoñe fáam èziñ j'a té é tyí'í nà, j'a bôndè é mvoñebôte jè a àbùí bìngá, fáam ètè è ngá bo è tá'é bìngá bé é mèndámímbóm. Nálè a a tinane náà, éyòñ ése à á bi mfefè mbóm, a a vé wô é mìngá wè éziñe wùá á mbìlí ndá, náà á bà'àlée mfefè mbóm è ndá jè, akékúí éyoñe nnòm á lòñèyà mfefè mbóm òtè é ngúmé ndá wè w'á tabe. Bingá bétè bébàè bé ntóo é ndá mimbóme é nyú b'á zu kooè á mbìlí é ngúmé ndá wè òsú. Ajôte éyoñe môt à á ke a lòñ é bìngá bé mèndá nàlè, nlam w'á bui a nén, a yap.

- Mendá mé bón (bisa)

Éyoñe bìngá bétè b'á bíáè bón a fôè, bóné bétè bése bé ne mvò'èsàá wòbó ; ve é bóné bése bé né ètè, bé tò nyìá wùá, mmbe bé né ésà é nyìá wòbó, ngé nà é ndáàbóne é nyìá wòbó, ve bé tò é mvò'èsàá wòbó.

- Tí'a

Éyoñe bisa bí nga ke bí á fôè, a bóné fe bé nga ke b'á lòñ é méndá máp, a ké b'á kô'ôlane nlam, b'á ke b'á lí'í bìbómán, biyoñ biziñ bé kele'e b'á lí'í bòné bityit bí áfan è zàñée mendá. Nlam ò nga ke w'á bo àbùì a àyàp, á ntóo

162

ngúmé tí'a, ố bè'éyôlẻ é fáam ẻ ngá bôndẻ ngúmé
mvoñebôt ốtẻ ốse. Ajốte é nkòlòndốa mendá bisa bí á lốñ, a
ké bí á bôñ, a kô'ôlan é nlam b'á té é kooẻ é mbôndẻ wòb á
né fáam á mànèyà é tátẻ nlốñán, a a bo náà, é nlame
mbôndẻ até à ngá tátẻ ốtẻ, ố nen a yap, a kúí w'á lóóbánè
náà : tí'a. Tí'a ètẻ é tina'an é mbôndẻ wòbó à né fáam.

- Ngótó

Nkolondốa betí'a, bé bìlí bòné bé ákàñ (= bibómáné mefan)
bé kele'e b'á kándẻ̀ mengốsé bitaba'a, ngé na minlam,
mmbe b'á bo ngótó.

- Abíálẻ

É bóné bése bé né mètyì mfula'ané, bé tò é mvoñebôte
mbôndẻa fáame wùá, já'àné bé ne bisa bisa, mmbe Mòné
Búlu a ngá zu a yeme náà, bé ne abíálẻ, a bé njí yian é lú'an
ézézàñé jábá béèbé, já'àné bé mànèyà é ké b'á sandan, ngé
nà, é mialan ; amú bése bé tìí a é métyì mé mbôndéa fáam
wùá ; bé ne é mvoñebôte jề̀ ; ajốte bé ne abíálẻ : é
mvốʼésàá, já'àné bé ne bisa bisa ; é bá bése bé tìí a nyìá
wùá nàlẻ́, bé fe bé ne abíálẻ aválé dáàdá .

163

-Ayoñ

Jéê né áyoñ, mfá'á mòné Búlu ?

Mfá'á mòné Búlu, êfíá áyoñ ê ne lítì beta angôlókô bôt, bése bé tò mètyì fúfulu ; bé kóbô'ô nkóbô yà ábíálê, wúá, bé bìlí ngúm áválé mbòáné mam, a mingúm méválé metum fúfulu, bése bebê áválé dá ; minkañetè yà áválé bé ngá bôndêban a zú b'á kalan ênyiñ a só é mèlú kôá, ôyàbé è mvús mí tátê'ê mí tìí a mvámbá wùá. Bí ne tóté meyoñ ané : Búlu, Bàsàá, Bafia, Batánga, akk. Mengôlókô mèválé métè mé ne anén a ndan àbùí.Ve beta méngôlókô mé bôt meválé métè bé bìlí bòné méngôs mé bôt mefé êtê wôê, Búlu bé ló'oné fe angôs ésè yà êtê nà : ayoñ. Ve mintén yà é mèngôs métè mése mé tìí a mvámbá wùá, é mvámbá á né ntén yà ángôlókô bé nê. Mfá'á yà ángôlókô d'á lóóbane náà Búlu, bí ne tóté meyoñ ané Yemveñ, Yemfék, Yemevoñ, Yemesoê Yengap, Yemeyema, Yenjôk, Yèmvàk, Yekôê, Yevô, Yekòmbô, Yèdùk, Èsé, Ndoñ, Ngòê, akk ané áválé méngôs étè.

Ajôtè, ayoñ é ne bò é nkolondôa mendámébôt, minlam, betí'a, a méngótó, bése bé tò ángôsé dá, a bése bé tìí a mbôndêa fáame wùá, mmbè bé né áyoñe dá, já'àné bé ntóo

mmìàlán, mèvốm mèvốm, minlam minlam, a já'àné mèsí
mèsí.

Áyoñ é ne fe bò angốlốkố méngốs mé bôt bé tò mètyì
fúfulu ; bé kóbô'ô nkóbồ yà ábíálế wúá, bé bìlí ngúm áválé
mbòáné mam a mingúm méválé metum fúfulu bése bebĕ
áválé dá ; minkañetè yà áválé bé ngá bôndĕban a zú b'á
kalan ĕnyiñ a só é mèlú kồá, ốyàbé è mvús mí tátế'ĕ a mí tìí
a mvámbá wùá ya ồyàb ábùì mvús.

- Avúman

É bôt bése bé né mfula'anéa mètyì yà Áyoñe dá ngé ki
bòbékálé yà Áyoñe dá bé ne avúman be ne fùfulua mètyì
mfá'á yà é be beếsàá ngé ki mfá'à yà é be benyìá bé ne
jốmè jíá ; ajốte bé sé ngule yà é lú'an.

Tume jìá yà é métume Búlu bé ngá zú b'á nyiñe mè,é
njè ñhé lé.

Ñyálán, ñyé'éláné mvoñebôt,
a mbà'àláné nlam.

Ếyoñe fáam ế fồlốyà mvoñe bôte nálè, é mànèyà fe tá'á
mamé yà é jàlé dế, é mànèyà fe lốñ é nlame wế nàlế, é nga

165

yianè fe kômesané ngômôtô ése, ású yà é yále, é yé'élè, a é ba'ale é mvoñebôte jè.

É bisáé bí á boban ású yà é yále, é ba'ale ndábôt a njéñáné bíốm bí á vólô kôm, a tíndì, a súñúlu é mam mésè yà mebu'uban, ású é mvò'é yà ényiñe môta binam à á nyiñ, a é mbôma'ané wè, émominláñ ếtế.

Fáam é nje j'à bo é beta bísáé bésè b'á dañe sílì ngu, fek, ayók, a àbùì mfàsán, ané: nlíán a mbà'áné métílé bisep, a é má mé ốwôndô; é méválé mìnsồm mése m'á síli ngule bisáé, bìtà, bìvồé bí ngu, nkóbáné méjố, akk.

- Mìngá nnye à á dañe bo é méválé bísáé, a é méválé bívồé mése, bí né anyenyam, teke dañé ngul ané é bí béfáam: nkúlán a mbếáné méfúp, mbòán é mínsồm mí njí dàñ é sílì beta bé ngule bìsáé, ñyámáné bídí, mbếáné méfúp, ntyáếáné nja'a ású ñyámáné bídí, mìnsồmé yà é méndím, àvál àné : álốk, mesaman, ndùbáné mínkóế, biya, mìnsòñ, akk.

Ve jame dá, befáam a bìngá bé ngá bò fe bé fula'ane ngul aválé mìnsồm éziñé yà é mèndím, ané nsùàn éyek, éngómbó, akk

Ábónkő'ô yà áwú

Mevàlé méwú

Mewú mé ne meválémèvá, a m'á kúí é be bôt, mèzèné mèválémèvá.

- Awú ntyéné món, ngé nsólékané món.

Món a ne bíálè̱ nsólékan a tò ñwúán ; món a nè fe bíálè̱ é̱yoñ à á yiane bíálè̱ a víáné é wú ábíálé̱, ngé ki náà a ngénan ntè'án ábùì ; Búlu b'á lóon avál áwú étè náà awú nké̱ñélé̱ món, ngé kì náà awú ntyéné món ; ngé ki náà awú é̱bôbo'ó món ; metìnán métè mé dañe'e fombô ókala é món à à wú á né̱.

- Awú amú nnŏ̀m

Awú amú nnŏ̀m d'á só é̱yoñe môt á nyiñèyà áyap, é síndône mú, á ntóo nnŏ̀m ábùì a ntè'án ; ajŏte è̱yoñe jé̱ yà é kó̱lŏ̀ é síndôn é̱ kpwáánèyà. È̱yòñéte à à wú, amú nnŏ̀m.

- Awú nsika'ané

Awú nsika'ané é ne ávál áwú ése môt à à wú amú é̱bubuà jam è̱ziñ j'á kúí fáméku'u é be nyé, é̱ jí'á é vàá nyé è̱nyiñ é sí nyú, è̱té̱é̱té̱.

167

Avál áwú étè é ne mintáé ábùì, amú d'á kándè môt a é bôte bé métèmé, teke'é môt èziñ à á tò á yange'e, ngé é búnane dé tyí'íbí nàlé èyoñ étè.

Ajôtè nde b'á lóone dée avál áwú éte biyoñ àbúí nà : awú míntáé.

- Áwú amú ôkòn :

Awú ôkòn é ne ával áwú b'á tátè yéné môt a konôk, òkòn ôtè ô ne bò ètun, ngé áyàp ; ve môt a a sú'úlane wú wò.

Áwú d'á só amú é mbíà mimbòáné bôt bé né bo é bôte bèvók.

Àbùì mam d'á boban, já'àné a bizôlôñà mòs: mèndùm, bìtà, fù'án, asum a abénlém, zíñ, èviele, zók, mvéán é môte mbó'ó nsu, akk ; já'àné é mbòáné ndímba yà a alú: ngbwé, wúp akk, mam métè mé kele'e kúí na bôt b'á wú amú áválé mbíà mimbòán bôt b'á bò é bôte bevó'étè.

- Awú mvúta'ané :

Awú mvúta'ané é ne náà bôt b'á dí biañ fùfulu, è bìlí
mvúta'ané, ngé ki é kálané mìnkál bé kane mengàná bé
kála'ane náà, ngé môte wùá yà é bè bé a a wú, ngé bé njí é
wú bése bébàáne nsámbá wúá, é nyúmbó'ó fe a a yiane wú,
àyàb ébómán teke lôt ézézàñé méwú métè mébàè

- Awú ábíáé

Awú ábíáé é ne náà, mbùbúm w'á wú ábíáé. Nálè a
tina'ane náà, é mìngá à à kô'ôlô mie a ne wú, é nkò'òláné
mìè zàñ, món á ngénan teke'e bíálè ; ngé nà, món a ne
bíálè, ve, amú mbùbúm ó jáñéléyà mètyì ábùì, mbùbúm ó
víáné é wú, món á lí'í, a vèé ; ngé ki náà mbùbúm báà món
b'á wú bébàáne é zia mìngá à à té yian é bíáé món. Nálè á
ntóo náà, mìngáa a té é wú ábíáé.

- Awú ákà'é

Búlu bé ngá dañe zú b'á jô nà : mìngá à à té wú ákà'é, éyoñ
é benyà bìngáa bèziñ bé né mètóm bé ngá bo ndimba
mbòán èziñ, bé kà'á nyè náà, à ye wú ábíáé, éyoñe d'á ke
kúí nà, mìngá átè a a ke wú ábíáé nàlè, Búlu b'á jô éyoñétè

169

náà : mìngá átè a a té é wú ákà'é, amú bôte métôm, a mbía nlém, bé ngá ka'a nyé nàlé.

Awú nkpwáéán étyì biañ

Awú nkpwáéán étyì biañ, ngé nà awú ntyàmáné bityì yà é biañ èziñe môt a ngá dí, è bìlí bityi, é ne náà : éyoñe môt èziñ a nga dí biañ èziñ, bé màné é vé nye bityì yà é biañ à à té é dí étè. Ngé a ké é tyam ètyi jíá yà é bityì bé ngá ve nyè, Búlu b'á jô èyoñétè náà : môt àtè á kpwáéyà étyi, nge ki náà, á kpwáánèyà étyi, ngé ki náà, á tyàmèyà átìñ, á kòbèyà étyi yà é biañ a ngá dí. Ajôte a ne wú ; á ntóo awú nkpwáéán étyì biañ

Nsó'án étyi

Ve jame dá, é ne kúí nà, môt èziñ a màné é kpwáé bityì yà é biañ a ngá dí, teke'e wú étéété, ve a viáné é tátè é veñesán aval ákúté d'á funane zèmìmfàká ; a nga ke a bo é bôte bevó'ó mbíà bé mam. Búlu b'á jô nà, môt avál étè á nga só'étyi. Nálè a ne náà, étyì yà à ngá mane kpwáé é biañ a ngá dí, é nga bi nyé. Môt avál étè a mbé nláñán ané ñwú, amú, mèzèné mése a ngá bo a sú'úla'ane wú, ngé a a bo

170

teke'e kóbô, a tốbáne ki é nyà bébéláa njèjángáne à á yeme sáế mèválé mé bíốm métè.

Mamé yà áwú nyà môtô

Ếyoñe nyàmôtô èziñ á wúyà, mam àbùì mé ngá bò mé boba'an .

Bé ngá bò bé mane'e feté bóngố é mèndá ètế, náà bé bo teke'e kúí átán, náà bé kè b'á wulu é minseñeminseñ ntế ốse bé ngénan teke'e mané é jamé mbim é soñ ; amú bé mbé teke'e kañese náà móngố á yéne mbim. Ajốte awú é ngá tò jốmé mesis, ángồndố, a àbùí melunga.

-Nkàláné fóế awú

Ếyoñe môt èziñ á wúyà, é bôte bevok, bé ngá bò bé yeme jam étè mèzènémèzèn, áválé dì :

- Miñyốn

É vốm áse môt a a wú, é bôt bé né é vàlế b'á kutane miñyốn ; a éyoñ é bôte bevó'ó b'á wố'ố mìñyốné mítè, bé nga yeme náa mbía jam èziñ á kúíyà, bé nga ke mimbíl é mfá'á ñyốné w'á jố, bé ke yemelan é jam é bòbánèyà.
- Minlóón, miñyốtan a bityí'á

171

Bé nè fe kalan é bôt bé né é mévôme tyíñe môt ě né é kúí a minlóón, miñyôtan, minkílán, ngé a bìtyí'á. Éyoñe bôt b'á wô'ô bíôm bítè bí boba'an é nlam, bé tò ôbè nté, b'á jí'a zú é yemelan é jam é bòbánèyà.

- Minlômán a mimbáñété

Biyoñ àbùì, bé ngá bò bé lôme é bongô b'á yeme jíbì mmátáné mbilé nà, bé kè b'á jí'a katé fóé awú étè é bè é bôte bése awú étè d'á nambe bebè, é mínlam mí á bôman. Ve bé ngá bò bé dañe'e belane nkúl ású yà é kalané fóé awú, nà é ji'a ké j'a kalan é minlam minlam avôlavô, a kúí é mínlam mí né ôyàp. Ajôte, é ngá zù d'à bobane náà, ané é mbôme nkúlè yà é vôm áwú d'á té é boban a màné é kalane fóé ètè, a é nkúlé wé, èyoñéte à á kat é bébôme minkúlé yà é mínlam mivó'ô mísè mí á bôman, náà bé kè b'á kalane fóé étè a é mínkúlé míábá, é mínlam mivó'ô mí á kè ôsú. Zèn étè ě ngá bo é bo'o náà, mefóé mé ji'a wulu, a kè ôyàb ávôlavô, é dañédañe mefóé méwú.

Mfá'à yà é ndá mbim ô bôô

Éyoñe môt èziñ á wúyà, bé ngá bò bé bô'ône nyé é zàsí yà é ndá b'á yì náà é nje é bo ndá awú. É fóé yà áwú dé é nga ke j'a kateban ; a éyoñ é mànèyà é mialan, bôt bé nga ke b'á suan, bé ngá bò bé za'a koone mbim ó mbôô é ndá ėtê. É ndá mbim ó bôô é nje b'á lóone náà ndá awú.

Mimbim mi mbé teke bômbô áyàp. É mèlú mvús, bé ngá bò bé kôme mimbim a ta'a. Bé ngá bò bé mane'e ké b'á futi nsì'áné mímbábáné mí nyùmúne mekáé mé ta'a é mévôm mése bíóm bí né é nyíin bí só'è nseñ a ke é nyúl ėtê. Ajôte mbim ó ngá dañe bò ó bômbô'ô ve alú dá, bé nga jam.

Éyoñe mbim ó mbôô, é beta jam wùá yà é beta bé mam b'á yiane boban, a ne ėjambim. Ajôte ėsáé mfá'áné soñ é nga boban avólavó, teke'e yange. Bendómán bé bôté yà ndábôt, bòbékál a bôt bé ávusó mmbè bé ngá dañe bò bé bo'ėsáé mfá'áné soñ ėtè. Ntê ėsáé mfá'áné soñ j'á boban, mam mefé mé mbé mé boba'an, ntê b'á kè b'á kômesan ėjambim ébìèn.

Mfá'à yà é vómé mbim ó bôô é ndá ėtê, mbim ó bô énòñ, é zàsí, mìnkús ki mí bô é tyia, é fèféle mbim. Biyoñ biziñ bé ngá bò bé mane'e te'etan é tyia yà é vóm b'á bôône nkús, ngé mìnkús, a mendím. Bènyìá bé nkús ngé mìnkús, a bìngá befé, b'á tôtóón é bìnòñé è ndáàndá, bebel akômé fe b'á tòtóán é bìnòñ, ngé ki é bìtyí'ítí, bé yé'è mimfím.

- Bebel akôm

Bebel akôm bé mbé bèzà ?

É mèlú mvús, Búlu bé ngá bìlí mìngùm mí bìngá, mmie mí ngá bò mí yốne mimbim, bé yeme'e ké b'á láñé mie bìndán ; bé kele'e b'á símésan a sé'é mbamba bé mam bé ngá bo bé bo'èyoñ bé ngá vèé ; be kele'e b'á nyamete a lítì ngólè yà é bôte báa be bé bé ngá tò mèwósó bé lí'ìyà bé vèé ; bé yốne é béwú bèfé bé mànèyà é ke é ndôñe bìvố ; akk. Bebel akôm bé ngá bò bé bii ngúm éyoñé yà é yi, a sé'è mbim bìndán, édañédañ éyoñe nji'ìnjí'i, ngé ki beta nyàmìngá èziñ a a té é wú, a tò é nyú à ngá bo beta bé mbamba be mam. Bé mbé bé bel akôm ané ngé b'á yia jìá. Mìngá wùá a a tátè màné é ké a láñésan é bíndáné bí ñwú, a é mbamba bé mam bése a ngá bo a bo'ok. Ané á màné é bel ákôm nálè, èyoñéte báa be é bá bèvó'ó bése b'á ngutane miñyốn ; ndá awú ế ntóo ndá mìñyốn. Melunga mé nga bi bôt bése. Ndá awú ế ntóo ndá melunga, amú áwú ébìèn é ne jốm melunga. Bebel akôm bé ngá bò bé yốnôk, bé vá'a bibómán, nálè a ne náà bé ngá bò bé yốne ntế éziñ, bé nga wo'on, ané mòné ntế éziñ a lôtế, bé bètá ngutane miñyốn.

Mìnkús

Zá á né nkùs ?

Mfá'á Mòné Búlú, nkús ố ne é mồt áse báa é môt a a té é
wú b'á té é nyiñ ané ngál báa nnốm, bôt bé yèmế. Ngé ki é
bôte bése bé né é bòbényàñé bé é fáam ngé é mìngá à à té é
lí'ì nkús ; ngé ki é bìngá bése bé né bìngá yà áyoñ é fáam
j'a té é wú bé né é vàlế, akk.

Minkús mí bìngá mí mbé mí jáề mìnsì'áné menja'a mékáế
bikon, bé màné é ké b'á wó'o bé mfừ'áné mébí né kábat.
Bé mbé fe bé wóko'o minkúsé mí fáam ềtèk, a mfừ'áné
mébí mé kábat a nyúl ếse.

Mfá'á yà ábá

Befá'a soñ b'á ke b'á ndéñ a ềsáế soñ, bìngá b'á ke b'á
ndéñe ñyámáné bídí é mèndá mendá, bìngá yà é ndá mbim
ố bốô b'á ke b'á ndéñe minkús a mamé yà é ndá awú,
befáame ki bé kômôtô'ô, a tú'à é ké b'á tá'á mam ávál é
mam mésè yà áwú mé né é mané é wùlú mvò'ế.

Bemìèjàlée, bètyì a é béndốmènyàñé bé ñwú, ngé a ne awú
fáam ; é bòbékál a é bôte bé ávùsố bé ntóo mintì'áné mí
bôt, akk, bé ne nsùlán àbá ; é mam bé né é bo mé ne
meválémèvá, ve bí á táme tót é mam má :

175

- Nkañetè yà áwú

Biyoñ àbùì, é bôt bése b'á té zu áwú : é bôt bése bé njí é
tabe éyoñ é môt a a té é wú à à té é sùú mvebe, mebíálè,
bobényàñ, mimbébáé, bendômènyañ, bòbékál akk, bé ngá
bò bé síli'i náà mbiintúm yà é ndábôt è bìlí áwú, á kate bé
ával áwú é môt á wúyà a ngá wú. Mbiintúmé ki á nga mane
táñétè áválé mam ése é ngá boban, ngé é kúí, ngé é yénè
mé nambe'awú étè.

Ngé é ké é yénè, zèné sí, zèné kala èziñ, náà môt, ngé bôt
bèziñ b'á yem awú étè, á ntóo ával ájô d'á yiane kóban é
mengana bôt été, ndembén bé né é yemelan é bôt b'á timbi
mvono ya awú étè.

Èyoñétè nje benjì'ínjí'i bé ngá bò bé ka'a beta ajô a tò nà
b'á zu jô ntún.

- Njôáné ntún

Njôáné ntún ô mbé ná b'á sulane bôt ású yà náà bé tu'a
mané é yemelan é bôt bése bé né é yem, ngé é bò benyoñe
ngap, ané mìntén, ngé bendôñôlô, besúñúlu ngé ki ané
bebo yà é mam mé ngá dutu áwú é môte wòb éziñ.

Bé ngá bò bé sulu'u njôáné ntún ôtè, é mengana bôt, bé
bo'é mam mése mé né é sílíban, náà é bôt b'á ve'e fè'é, ngé

ki é bôt bôte bĕziñ b'á bo'olô mam méziñ mé late awú môt, bé mane kóbô, ngé é kat, ngé é mem é mam b'á bo'olô bé nà mmbe b'á wóĕ bôt, nge bé b'á kat.

Ngé é ké é kúì nà befase mejô bé bìyà, ngé nà bé yénèyà bébélá né fômelĕ, ngé ki náà, é môt ĕmìèn b'á bo'olô ajô a a mem, á ntóo ával ájô é môt, ngé é bôt bé mànèyà é bilì mvono b'á yiane táñ, bé vá'a ntún, ngé na ntáñ ĕtom. Ngé mómó, á ntóo ával ĕtom é né é tya'á bìtà é zàñée é bá é môte wòbó à à té é wú, a é bá bése b'á té é yénĕ náà mmbe bé bè'é mvono yà áwú dĕ étè.

Ve ngé mamé yà áwú ĕziñ m'á yénĕ náà mé ne mam mé ndímba mbòàné mamé ya a alú, ngé nà mamé yà é díbi, ve é môt, ngé é bôte ki bôt b'á ve'e befĕ'é, ngé ki é ké b'á nyíñé nà mmbè b'á wóĕ bôt, bé bé katek, ĕyoñéte benji'injí'i b'á sulane bôt, náà bé zu jô káĕ yà é jéñé nà bé vàa é mbía jôm éziñ á sùánèyà é jàlé dáp.

- Njôáné káĕ

Njôáné káĕ ki ô mbé nà b'á lóon é môt b'á jô nà a bìlí é mbía jôm éziñ à à ndáman binyiñ bí bôt, ané : nsu, kôñ, bó'ómíi, nsóñ, nkú'ú zè, nkú'ú nyó, akk.

Bé ngá bò bé ló'on aválé bôt étè é mengana bôt étĕ, bé nga yéméte bé nà bé kúlíi é mbíà bé bíôm bé bìlí. Búlu b'á jô éyoñétè, náà b'á jố káế. Bòbékál a bôt bé ávùsố bé ngá bò bé volô'àbùì, mèválé biyoñ métè, náà bé kpwángàan é mam b'á yem, ngé ki é mam b'á wốk, teke kò môt èziñ, ngé jốm èziñ wòñ.

Ajố étè ndè é ngá bò Búlu náà bé jô náà : « Mònékál nnye a né nkúli minsém » ; ngé nà : « Mònékál nnye à á bo èkúli minsém ». Éyoñ bé nga jô káế, á njí fe betá bò éyoñé bífúmúlù bí mís, ngé fianga, ngé bìvòề ; á ntóo ajố bívélè bí mís, ayók, a njét. Ajốte é ngá bò é kúi náà, b'á mane fanề mbíamôt até bóné bitun bíbú'úlí é bìfándáné bí ányúí yà é mó, bé nga ká'é mfá'á yà é mesú mé ányùì a mìnkòl bé yéméte'e nyà ngulu, nnốmé fáam a tate mìàk, a yốnôk. Bé ngá bò bé bo'o mam métè mése, ve amú nà b'á sốñé nà môt áse á nyiñe mvò'ế é jàlé dế, teke'é mbía jốm á né é tyelề môt nlém è yốp, ngé é sóo môt èziñ awú.

Nkóbáné mam, a é bíốm bí né ané njốáné ntún ngé ki njốáné káế, bí mbé ngule yà é boban èjambim é ngénan tè boban, ngé é mvús èjambim, ngé ki é mồs èziñ ốfé ốse benji'injí'i b'á yéné nà bé ne sulan, a kóbồ mam meválé métè. Ve ntyí'án ávál étè ốse ố ngá bò ố só'ok, ve é be benji'injí'i ètám, sàá é be môte mfé èziñ áse.

- Ẻjambim

Ẻyoñe mam mésè yà é soñ mé ntóò ngômôtô, a ẻyoñé yà
ẻjambim ẻ kúíyà, bôt bé ngá bò bé kele'é soñ ve
benyàbôtô : befáam a bènyàbìngáa. Bé ngá bò bé kele'e
minkús, ngé nkús, bôt bébàè bé bìlí nkús, môt áse yà é bè
bé a sòmẻ é wó wẻ é mvà'áne nkus mfá'á wúá, é nyumbók,
a sòmẻ nàlẻ é mvà'áne nkus é mfá'ôvók ; bé nga ke b'á
sú'ú nkúse nàlẻ, a kúí é vốm b'á ke bốôn, a ba'alè wồ é
mfốmé soñ. Bèmìàè bé nkús, ngé ki é bòbényàñé bé é
mìngá à à té é wú, mmbe bé ngá dañe'e bo bé bò'áválé
bísáẻ étè.

Ané benyàbôtô, befáam ngé bìngá bé màné é vúlúkù mbim
é sanda ôbôm, ngé ki ốkala ẻtẻ, bé vàá wồ é vốm w'á bôô é
ndá ẻtẻ; bé bè'é wồ, bé nga kee wố é soñ. Bebel akôm bé
bètá ngutane miñyốn, bé sékè'è mbim, bé láñe mbim
bindán ; bé nga ke, báa be mbim, bé kele'e b'á sé'è mbim,
bé kañete'e é beta bé mbamba bé mam a ngá bo a bo'ok
ẻyoñ a ngá vèé. Miñyốn mí á ke ốsú, é dañédañ ẻyoñ b'á
yén áné b'á futi mbim é soñ ẻtẻ.

Ané bé fùtí mbim é sòñ ẻtẻ, ẻyoñéte benyàbìngáa
bèziñ b'á sus é soñ ẻtẻ, é bôt bé télè é mefefélé mé soñ bé
nga tíndi bé mètyóló' è soñ ẻtẻ, bé ki bé nga ke b'á jè

179

metyólók, a jíné soñ, bé kele'e b'á tibi metyóló'ó méte a
mebo, akékúí éyoñe soñ é mànèyà é jínéban, bé nga mane
kôm ábômé soñ ; á ntóo avus.

Bé nga bò bé télé'é mendem méziñ, ngé é bè̀ mèsàm,
ású yà é yemelan áfóla avus é né̂. Njamáné mbim ô
mànèyà, ve bebel akôm bé b'á ke ésáé jáb ò̀sú, a miñyón ; a
é bôte befé b'á yón é mbime wóp, bé fe b'á fubu ve é zô'é
mìñyón é̂tê. Mesis mé nga bi bôt é nyul ábùì. Melunga mé
nga dañe tú'à é bì bì bemìé mbimi.

- Mvéáné bôt é̀vaasóm

Ané éjambim é̂ màné bé nga mane vé bôt é bényàménjà'á,
a é méválé bidí mése bìngá yà nlam b'á té é mané é ké b'á
yám ; é bôt b'á kè b'á timan é màlé mábá zia è̀tè, bé nga
mane jó má'an, a ké b'á timan. Ve é bôt b'á ke ósú a tabe,
bé nga yange memò yà áwú.

- Dí áwú, a ndúan awú

Éyoñ ése a é vóm áse awu d'á boban, b'á bo beta dí, a betà
bitune mébóñé mé nja'a, é nsèzàñ, ású memo yà áwú. Ané
álú é víní, é̀yoñétè b'á futi ndúan é̂tê, á ntóo é beta mbé'é

180

ndúan à á yiane yőñ, teke dím, a kúí éyoñe mebóñé mé
nja'a métè mése mé mànèyà é dík, mése né méñ. Beta
mbé'é ndúan até a ngá bo a vólô'ô beta bé mam bélá:

- ô ngá bò ô vá'èfúfúp, a alú ású yà náà memo yà áwú
mé bo teke boban é díbì été;

- ô ngá bò fe ô vá'ayőñ ású yà náà é bôt b'á mo bé bo
teke wő'ávép.

- ô ngá bò fè ô líti'éyoñe dí áwú é mànèyà. Mvús ètè,
mam a bisáê bíse bí nga beta boban áválé bí wô'ô zú bí á
boban.

Ntế ôse é mébóñé mé nja'à yà é dí yà nseñ áwú mé ngénan
teke màné é yőñ né méñ, ndá awú ki è yóo. Ve ané nja'ètè è
mané é yőñ né méñ, ndá awú ki é dìbán ; é bôt bése bé ngá
zu tabe áwú étè, bé nga mane tétan a ké b'á ke é màlé máp,
já'àné bebel akôm.

- Njàmáné ntyéné món

Njàmáné ntyéné món a njàmáné nyàmôtô b'á selan àbùì
mam.

Éyoñe món à à wú a ngénan ếtế món, mamé yà áchval
áwú étè m'á boban, tyí'íbí, a ngúm ává.

B'á jí'a jamé nyè, teke kañese náà á bốmbố àyàp. Mamé
yà ával áwú étè m'á boban aná :

181

Ané bé màné é fá'á mòné soñ, ẻyoñétè b'á ke tyí'í
nku'ájôẻ, bé màné é nyòñé bab yà ẻté bé bóốn é fèféle soñ;
bé tyí'í fe akob ábàẻ ngé ki mèfá'á m'ẻlé mébàẻ, bé bóốn é
fèfél soñ ; bé màné é vúlúkù món, é bìyẻ ẻtẻ ; bé mané é
kômé é tiñitì bab ajôé ané áwóẻ, ngé nà, ẻwó'ó món, bé jálé
je nyìá kómà'àné, bé tyí'í mòn ẻtùné nku'ájôẻ, bé fùtí nyè
áwáẻ étè ẻté ané món ; bé nga lóone bemvámbá nà bé beta
kañese náà nyìáa é món a a té é wú á beta bíáẻ bóné bèfé
ábúíàbùì; nyìá a njí yian é yốn éyoñ ése mòné món à à wú
nye ôkala ốtè ; bé nga mane taaẻ bab ajôẻ é sòñé sí ; bé
bóốné mbimé món ẻté è yốp ; bé màné fe wô é búti é yôp a
bab ajôẻ ; bé nyòñé áfá'á dá, bé bồmốlố dè é tyia, é soñ ẻté
zia é vốm é tyíñe mbimé món ẻ nẻ, tyíñ ẻ tò áfá'à zàñ ; bé
nyòñé fe áfá'ávók, bé bồmốlố dè é tyia, é soñ ẻté, zia é vốm
é mébò mé mbimé món mé nẻ ; mebo mé tò áfá'à zàñ. Bé
nga mane jíné soñ a metyólók, a màné.

- Akús

- Mbétáné nkús è sí è soñ, a

ñwó'áné nkús

Nnẻané ẻjambim j'á man é soñ, bèmìàẻ bé nkús b'á béte nkús è sí, náà b'á ke wố é wố'ò mèndím ồsốẻ. Bòbényàñé bé nkús b'á yiane tabe é nsámbá ốtè, a ẻyoñ ẻsè b'á bo mònyàñ ákús. Nkús w'á yiane vé é jốm ẻse b'á sílì nyé ású ákús, a é mam mésè m'á yiane boban ẻtẻ. Ajốte, ẻyoñe b'á béte nkús àvus a kee wố ồsốẻ nà b'á ke wố é wố'o, a a yiane vé kúp, bé bìlí fe é bíốm à á yiane jáẻ ané bìyẻ bí nkús. Ẻyoñ bé kúíyàa nyé ồsốẻ, bé màné nye wố'ò mèndím, bé màné fe jalè nye minjáẻ, ngé na biwóman, ngé na bíyẻ bí nkús, ẻyoñéte b'á búlane nyé é nlam, bé ké é bốồné nyé ẻnòñé nkúsé jẻ.

- Ềnòñé nkús

Ềnòñé nkús ẻ mbé ẻnòñé mìnèñ, ẻ bốô é mfốmé ndúan, é mfá'à ndá yà átúmenkề, ñyó'án é mfá'à yà é zàsí a mòné mfimé bisàsá bí ốbaẻ, amú nkús ố njí yian é bốmbồ é fốmôn, amú a njí yian é dañ é yéné bôt àbùì, ngé ki é dañ é

183

kóbồ ábùì ; ndè fe náà nkús w'á yiane bốmbô é dú'úbu, teke dañ é yén ếfúfúb ábùì.

Tyếkpwàá, b'á mane tyeñe nkús ếsìl ése, ndibé tyế. Nkús w'á yiane vé kúb, ngé ki é jốm èfế ése bèmìàề bé né nye síli ású jam étè. Bèmìàề bé nkús b'á ke b'á kee, ngé na é kalan, ngé nà é betá é yé'éle nkús ếnyiñ, mfefễ, mồs áné mồs, jam ané jam, jốm ané jốm, a kúí ếyoñe nkús w'á ke yámé nnám é mồsé zangbwále. Mồs ốse b'á kee nkús jam èziñ, ngé ki jốm èziñé yà ếnyiñ à á zu nyiñ. É mam bé né bò nkús ású ákús :

Ếyoñ b'á kalane nkús ngule yà é bètá é bò mam mésè yà ếnyiñ, mfefề mbòán é mvús áwú nnốm, bé ne bò mam mésè yà ákús mồsé wúá, nálề a ne náà b'á kèe nkúsé mó é bíốm, a é mam mése à á zu lí'à bo'ok á lí'íyà étàm, teke'e fe nnốm.

Mam mé ákús m'á boban ndibé tyế yà é tyếkpwàá yà é mvús èjambim.

Ndibé tyế, b'á tyí'ếndom ájôề, bé lóóné nkús ố tò mìnsóế mebo ; ngé a ne nkúsé mìngá, èyoñéte bekálé bé é fáam j'a té wú, mmbe b'á bò nyé ákús ; ngé a ne nkúsé fáam, bòbényàñé bé é mìngá à à té é wú mmbe b'á bo fáam akús.

B'á betễ nkús ếndom ájôế étúl a mekáế mése, bée nyé nà á bốmáan é ndá á bồồ a máte'e mbílé na a a bômane ndá, ve teke'e nambè ếndom ájôế a mó, é mìngá à à bò nyé ákús a a ke a á bo ané a a bíbì nyé nkásá è mèkán avál àné ngé a a ke a yá'álè nyè náá á bo teke'e tébe a kúí à à bômane ndá ; èyoñéte à à só'ôlô éndom ájôê é sí, mbíbáné nkásá ki ô mànê.

Èyoñéte b'á kè ôsú a é mam mevó'ó yà ákús aná :

B'á kee nkúsé mó é bìsàê méfúp

Nkèáné nkúsé mó èbìsáê méfúp, w'á tinane náà, b'á ve'ele ává lé b'á belan èkpwèlê êsáê êse áfúp, nkús ô lôô, èyoñéte b'á kalane nkús bikpwèlê bí êsáê è mó. Nálê a a tinane náà, á ntóo ngule yà é bètá é tátê mbòáné bísáê méfúp, mfefê ntátán.

B'á kee nkúsé mó è nnám.

Nálê a a tinane náà b'á beta lítì nkús ané b'á kee mó è ndúan a bò mamé yà ñyámáné bídí, èyoñéte b'á kalane nkús bíôm bí nnám è mó. Nálê a a tinane náà, á ntóo ngule yà é bètá é tátê nkèáné mó è ndúan a ñyámáné bídí.

B'á kee nkúsé mó è mìnsôm.

Nálê a tinane náà b'á beta lítì nkús ané b'á bo mìnsôm, èyoñéte b'á kalane nkús bikpwèlê a bíôm bí nsômé è mó.

Nálẻ a a tinane náà, á ntóo ngule yà é bètá é tátẻ mbòáné mìnsồm.

B'á kee nkúsé mó é mèbốk, a mamé yà é mevak

Ẻyoñ b'á kee nkúsé mó è mèbốk, a màmé yà é mevak. Nálẻ a ne náà b'á beta lítì nkús ané b'á yia bìá a jém a bò mamé yà é mèbốk, a mamé yà é mevak, báa be nkús nsámbá wúá ; ẻyoñéte b'á kalane nkús bíốm bí ábố'è mó. Nálẻ a a tinane náà, á ntóo ngule yà é bètá é tátẻ náà a a beta yìá bìá, a jém mèbốk, a bò mamé yà é mevak.

Mbòáné minkus, a minkuan: (mákít).

B'á mane sóo é bíốm bé né é kuan ngé é kus meválémèvá, bé màné é ké b'á tá'á bìè é tyiatyia ; ẻyoñétè é bôte bé nkús b'á mane vé nkúsé mònế nà ố ke bo ané w'á kuse bíốm è mákít. Nálẻ a a tinane náà, nkús ố ntóo ngule yà é bètá é tátẻ náà w'á bò mam minkus a minkuan.

186

Ndàáné nkús ênòñ

Mònékál a a dàá nkús ênoñ, nálě a ne náà mònékál a a beta
ve'ele, a lítì'i áválé nkús báa môt bé né é bètá é fulan
ênòñ ; a a ve'ele. Nálě a a tinane náà, nkús ố ntóo ngule yà
é bètá é tátě mbòáné mam béfáam a bìngá.

Ané mam métè mése mé màné é boban nkús ố nga
kômesan ve náà á mane bo é bíốm bíse bí á sílíban ású yà é
nnám à á ye vé bôt êyoñ b'á ye kúlì nyè ábá. Nkús w'á
kômesané bíốm a mam mése yà nkúláné nkús àbá, báa be é
bôte bế.

- Nlóón a nkúláné nkús àbá

É mồsé zàngbwále, mvús êjambim, ñwồ b'á sóndô mam
mésè yà akús a nlóón, a nkúláné nkús àbá.É mồsé samane é
mvús êjambim, nkús w'á mane kôm é mam mésè yà nnámé
ngòn à à ye ve bôt é ndìbé tyế yà é mồsé zàngbwále ;
êyoñéte a a bé'éle nnám ốtè é ndúan ngúm álú ốtè ốse, náà
ố mane kômé tú'à é bế ábeñ. Aválé nnám étè d'á yiane bò
ánén a àbùì bìsà, abeñé mbélán, a mváế yà é dí ; amú é bôt
b'á yiane dí nnám ốtè bé ne àbùì, nálě a ne náà é
bívúvúmán a é bôt bése bé tìí a é môt a ngá wú bé né vàlế.
Mamé yà nlóón, a nkúláné nkús àbá, m'á boban aná :

É ndibé tyế yà é mồsé zangbwále w'á yiane koone náà mam mésè yà nkúláné nkús àbá mé ntóo ngômôtô nkồmán ; é bôt b'á zu dí nnámé fe bé ntóò ábá né kôlôm.

Ẹyoñétè é fáam ẹné mbiintúme yà é ndábôt é nyú à ngá wú j'à yồtane lóoné nkús, a tóte nyé éyôlẹ̀. Nkús w'á yébe tyíñ è yồp ; ẹyoñéte mbiintúme yà é ndábôt é nnồm à ngá wú à à jồ nkúsé nà, ồ ke vé nye bidí àbá. Teke jam afé, nkús báa be bòbényáñ bé ké é lítì é méndím b'á sôbe mó ; bé nga lítane fe nnám, a bidí'à bí nnám àbá, é bôt bé nkús bé tòó, bé yéne ané mam métè mése m'á boban. Ané bé màné é lítan é bìdí a é bíồm bíse bôt b'á ye belane bíé nà bé di, ẹyoñéte mbiintúm yà é ndábôt é môt a ngá wú a a tyí'í nlồ jồmé nnám, a mané é kúlì nnám, a ké é tabe é sí ẹ̀nòñ. Bòbényàñé bé nkús b'á mane ké b'á tyí'í nnám bìfús ; bé ké é vé mbiintúm ẹ́fúsé nnámé jẹ́, a ẹdí'a ; mvús ẹ̀tè, bé nga kè fe b'á mane vé é bôt bevó'ó bése b'á yiane dí nnám ốtè bidí. Bôt bé nga dí nnám. Nkús ồ ne é ndá jẹ̀. Mbiintúm a betá lóoné nkús, nkús ồ yébé ; á nga jồ nkúsé nà ồ zu vé nyè é méndím b'á nyú. Nkús ồ zú télẹ̀ é méndím b'á nyú, a bìètẹ́ mé ẹ́kpwás a ké é vé mbiintúm ; mbiintúm á nga mane nyú. Ndían w'á ke ốsú a kúí éyoñ bidí bíse bí á man né méñélẹ́, jồm ẹziñ teke buk.

Ve bityi yà ndían ốtè bí tò nà :

1. B'á yiane mané é dí é bíốm bíse nkús a é bôte bế
   b'á té é kômesan ású nkúíán ábá ẻyoñe jíá, jốm ẻziñ
   teke buk.

2. B'á yiane màné é tób é biká'áẻ bíse, bìvèsé bíse, a
   áfúfùsé bídí ése é né é ku é tyia ; áválé yà náà, jốm
   ziñé yà é bìdí bítè bíse ẻ bo teke'e jáñ, ngé é kúí é
   nseñ. É bôte bé nkús mmbè b'á yiane nyòñé njù'ú
   yà é bemele é bôte b'á dí, a tó'ẻ é bíốm bíse bôt bé
   né é wua é sí.

3. Ẻyoñe ndíán ố mànèyà, bôt bé màné é tyamelan ; bé
   màné é vósé mbúan ốtè ốse, bé màné é kóoné bìốm
   bítè bíse, bé mané é vúlúkù bìè beta mbom, bé kè
   nkús ốbìèn.

4. Nkús ốbìèn ñwồ w'á yiane ké é solẻ mbom ốtè é
   vốm á né nyà nkốtô ; é vốm mèndím m'á ye bò
   teke'e kúí ja'ané ẻyoñe mveñ j'a noñ ;

5. Bíốm bítè bí á yiane bò nsòlán é vốmé môte mfé
   ẻziñ a njí yian é yem, ngé é yemelan. Biyoñ àbúì, bé
   ngá bò bé solẻ'aválé bíốm ètè vốm ẻziñ é mbố'élé
   ẻté.

-Mam mefé yà áwu
Bendốmènyàñ
Ẻfun

Ẻyoñe bendốmènyàñ b'á té é zù áwú é mònékálé wòbó, b'á yiane vé be bidí, ètyí'à ẻyémé yà é dí ẻ tò mebo ményiin, é dàñédañe náà ètyí'à kábat. É bídí b'á vé bèndốmènyàñé bítè, mmbie Búlu b'á zù b'á lóone náà :
efun.

B'á vé bèndốmènyàñé bìdí, ású ẻfun nàlẻ, já'àné ẻyoñe bendốmènyàñ b'á jí'a suan áwú, bé tàbé éjambim, já'àné ẻyoñe bé njí é jí'á é kúí, nà bé bo ngule yà é tabe é éjambim, ndè b'á zù ébeñese.

- Àbà

Búlu bé ngá zù b'á bo náà, ẻyoñe fáam j'à wú, bendốmènyàñ b'á zu awú étè. Bí mànèyà é líti ané b'á yiane vé be bidí ású ẻfun. Ve bé njí é sú'u ve ẻfun, b'á sílì fe àbà. Àbàl é ne náà, b'á sulan ajố ábá, é ndábôte ñwú ẻ nyòñẻ édibà'á yà é ndáa é mònékál à à té é wú, bé kèé je bendốmènyàñ, náà bébìèn bé ke diin é ndáa é mònékálé wòbó, bé yen é bíốm bíse à à té é lík, bé nga

190

tób é bíốm bé né é nyoñ ané ngùn, bé kàtế fe ngé b'á

síli ngúmé táñe mòné, ngé ki bíốm biziñ bifé ású ábàl

étè. Báa be é ndábôte mònékál bé nga sañetan, akékúí

bése b'á bi ôyílí éziñ.

É bíốm bíse é ndábôte mònékál j'à vé bèndốmènyàñé

bé ñwú àválé zèn étè, mmbìè Búlu b'á lóone náà : àbà.

Bètyì

Éyoñe fáam j'a wú ě bìlí mìngá, ngé bìngá, bebíáé bé

mìngá átè, ngé na bìngá bétè b'á zu áwú é nnốméngone

wòbó. Éyoñ bé sùánèyà, bètyì béfáam b'á ke tabe ábá,

báa be befáam ; bètyì bé bìngá báa be nkús, ngé mìnkús

b'á ke é ndá awú, é vốmé mbim bàa nkús, ngé mìnkús

bé né. Mìé jàlée a a yiane nyoñ, a toñ a voñốlồ bè a ábùí

ésémén ; a bébìèn b'á yiane nyiñé vốm àtè a àbùì éjijin.

B'á yiane vé be é ngúmé ngabe bidí wóbó nyùmín

(nyùmún), bébìèn bé nga yem ané b'á bo. Nde é ngá bò

é boba'ane náà, mìé jàlée a a vé éyém (kábat), ané

étyí'a à à yáme bètyì, a kèé bé, bébìèn bé nga yem ané

b'á bo.

Ve, ngé é fáam j'a té é wú j'à bìlí ábùí bìngá, a

minlúlùbé miziñé yà étế mí mbìlí bèfáam befé béziñ,

nnốm á kàñèséyà nà báa be bé mmbè b'á nyiñ, bé tòó

191

áné é míntabe mí nnốm, ẻyoñétẻ b'á silì fe ntabe avál
étẻ ése ố zuu mimbim mí tít afan mílál è be mìé jàlée,
ású bídí béyéñé yà áwú. Ané á sóo tít ẻtẻ ẻlál à zu kèé
mìé jàlée, ẻyoñéte mìé jàlée à á búlane kee nye jìá, mìé
jàlée ki a lí'íi é nyúfó'ẻbàẻ, á nga belane jè ávál ése
ẻmìèn á à yéné mváẻ.

Beyốméngon

Ẻyoñe nyàmôtô yà ndábôt ẻziñ á wúyà, é bôt bése bé
ngá lú'ú bengoné yà é ndábôte jè, bé ló'one nyé na
mìntyì bé ne beyốméngon. Nnốméngon áse a a yiane
kee ẻtyí'a. Nnốméngon a a fulan a bèmìàẻ ású yà é bò
é bísáẻ bíse, a é bòné mínlốmán míse bí á sílíban ású
màmé yà áwú ; bése b'á fulane mengul ané bòné yà jàl
étẻ.

Bòbéká

Bòbékál bé ngá bò bé bo'àbùi mam ẻyoñ awú é
bòbáneya é bèndốmènyàñ.
B'á só, b'á zu b'á yốn. Ẻyoñ bé sùánèyà, nlam ố ntóo
né ngam ngam ngam, amú môt áse a a yeme náà môta
bezamezam á ntóo válẻ. Ané mònékál á màné é ké a

bátane bendómènyàñ, a ábímé bôt ése a né é bátane dé
é nseñ áwú vàlé, a lôté ve é bìsàé : a sé è mfá'áné soñ, a
ne é ntyáéáné njà'à, ású ndúan yà nseñ áwú ; a sé è
nlómáné wù, a ne é wú ; a lôté é ké vólô é bìngá
béndómènyàñé bòné bísáé é vàlé a éngbwáñ ése, è nkè,
a lôté é ké a kúi mèvì'é bídí é mèndá mendá, ákôè, é
nlamenlam ; é nè fe b'á kè b'á kumelan, a sô'ôlan, a sò
nyè nálè é nlamenlam, é vóm áse a a kúli èbubua. A ngá
bo a vólô'àbùì. Ve jame dá bé ngá tò ntí yà é bò mam
àbùì, teke é môt a né é jí'á é yáa nyé. Nde bòbékál bé
ngá bò bé bii kábat, ngé kúp éyoñ bé mànèyà é bò bìsáé
yà áwú nàlé, bé wóé, bé màné é yám, bé nga dí, jam étè
teke'e sòo zô'è èziñ, ngé ki mejó, a é môt a né mìèné yà
éyém b'á té é bi nálè.
Bòbékál bé ngá bò fè bé tabe'e é vóm áse, a éyòñ ése
bendómènyàñ b'á kóbô é méjó m'á síli miñyóyók, amú
bé mbé ngule yà é kpwángan é mam mése, a é bióm
bíse bôt b'á solè, ngé é kpwáan é mam é bôt bevó'ó b'á
wó'ó nyík, ngé é kò wòñé yà é kpwáan. Búlù náà :
Mònékál, èkúli minsém.

Bôt bé ávusố

Bôt bé ávusố bé ngá bò fe mam àbùì bebě ané bòbéká,
ve bensela'ané bé tò nà :

Môt avusố a ne kúí nà, nněané à á suan é vốmé mbim ố
bốố, a a zu a yốn, a vé mó è mbim, náà á ke a dutu wố é
tyia tyia, é bémìé mbimi b'á yeme náà báa be bé é ne
avusố bé nga ke b'á vañe nyé ; á nga sílì náà bé ve nyé
jốm èziñ ané ngồtố ású yànáà á jò'éě. Ané bé màné é vé
nye ngồtố átè, a nyííné ve é bísáế yá áwú ; mfá'áné soñ,
ntyáếáné nja'a, nlábáné méndím, mvósáné nseñ áwú,
akk. A nèfe ké a bo avusố é nlame nlam ; ve a a bo
avusố ve a é bôt báa be bé bé nế ávusố ếtám, teke
vômane bôt befé bése, é dàñédañe náà, nyé teke
vômane fianga a bìngá bé nlam. A ne vôman a bò ávusố
ve a bengoné ya áyoñe báa be dé b'á jố ávusố. Ếyoñe
môt avusố á nga zu kốlô, náà a a búlan é jàlé dế, bemìé
nlame b'á ke b'á benele nyé, amú a ne nyoñé jốm èziñ
ané a a wúp. Ngé á kélée jé, dílì é lồtế, teke'ếtom. Á
ntóo ve minláñ.

Bisóế yà nlam, beyốméngon, bòbéká, bôt bé ávùsố,
bése bé ngá bò bé bo'o bisáế yà áwú môt èziñ yà é
ndábôte wùá yà é bè bé, ané ngé a ne awú yà é jàlé dáb
bébìèn.

- Ěbeñese

Búlu b'á jố na môt a a ke tabè é môte mbó'ềbeñese,
ếyoñ à á ke tabè nyè áwú, a ngólồ nyè, ềyoñéte
ềjambim a é mam mése m'á yiane boban áwú étè, mé
mànèyà é boban, a mé lồtèyà. Ajốte, ếyoñ ése Mòné
Búlu à á ke tabè môt áwú, ềyoñéte ềjambim a é mam
mése m'á yiane boban áwú étè mé mànèyà é boban, a
mé lồtèyà, bí á jố nà a a ke nyé ébeñese.

É ne nyà beta mfii, mfá'á Mòné Búlu yà é mélú yà déné mà
nà, á beta bulan é ké a jéñ, abònkố'ô ané ábónkố'ô, náà á
beta yemelan, a fial é mbamba bé mam mé ngá bò mé
boba'an, é be Mòné Búlu, náà á bo ávál ốnóñé nyà éjijini
éwốlồ ádìté Nyàmôtô Mòné Búlu a ngá tò é mèlú mvús…

Ábím bí vè'èléyà é jéñ a tá'á dì, d'á dañe vólồ náà bí bi
ôsímésáné yà áválé Mòné Búlu a ngá zù a nyiñ, a bò mam é
mélú bémvámbá. D'á síli náà bí beta wúte ngul bése, náà bí
beta jéñ é mam mé ngénan teke'e tiliban, ndembén bí né é
betá é fial é mam mé né mváế bí né é bètá é bo, a vumelan
é mbamba méfúlú mé ngá vé ếnyìñé bémvámbá jìn a àdìt.
Jam étè é njí bo é dí môte wùá, ve ajố é bôte bése b'á tú'a
yem ếnyìñé bémvámbá.Ve nálè a njí dib é zèné yà é yế'ề fe

195

é mbamba bé mam mèfé ábùì bí á yéne mváé é be ba meyoñô yà é babôtô.

Origines

Le Rev David Henri Amvembe Amvembe a vu le jour dans un village situé au cœur de la grande forêt équatoriale, à Minkang I (Silô), le 05 Novembre 1932. Fils de feu Amvembe Amvembe Abel (Yemveñ) et de feue Anje Mejôô Salomé (Esse). Aîné d'une lignée de 12 enfants dont 2 filles (tous de même mère), le Rev. David Henri Amvembe reçoit le nom de son grand-père qu'il porte en troisième position.

Initiation traditionnelle

Dans l'Aba où son père partage la vie avec ses autres frères, le jeune Amvembe Amvembe David Henri apprend, de ses grand-pères et pères du village, tous « Mvôn » , la vie communautaire et les rites traditionnelles des Bulu. Il subit lui-même le rite de la circoncision à la traditionnelle.Il est par ailleurs initié dans : la chasse, le maniement des armes traditionnelles, la chasse, la pêche, certaines danses, divers jeux traditionnels, la musique traditionnelle et autres.

Etudes

Après cinq années d'études en langue bulu, de 1937-1941, dès 1942 il débute ses études primaires dans la Centrale des écoles de la Mission Protestante américaine d'où il sort, en 1949, nanti d'un Certificat de la Mission, et d'un Certificat de Fin d'Etudes Primaires Elémentaires. Il est obligé, vue la pauvreté de sa famille, de se replier une fois de plus, au village, pour aider ses parents à subvenir aux besoins des études de ses petits frères. Cela lui offre une occasion de plus de se ressourcer dans la tradition Bulu, et d'apprendre par correspondance le commerce, la comptabilité, l'économie, etc, Bref c'est un grand autodidacte. Cette période durera neuf bonnes années.

Dès 1958, il est admis à l'Ecole Préparatoire de Théologie, puis à l'Ecole de Théologie Dager de Bibia. Là, il poursuit cumulativement ses études secondaires, théologiques, et des langues parmi lesquelles le grec et l'hébreu. Il sort de là nanti d'un Baccalauréat en Théologie, major de sa promotion. Consacré Pasteur à Koum Yetôtan un 14 Juillet 1967. Il a été enseignant, Pasteur, Directeur du Département de l'Education Chrétienne, Secrétaire Exécutif du grand Consistoire Foulassi de l'époque. 21ième Modérateur de l'Assemblée Générale de l'EPC,etc. L'Eglise lui a confié plusieurs missions en Afrique de l'est, en Afrique de l'ouest, en Amérique latine, en Europe et aux Etats Unis. Bien que retraité depuis 2000, il est chargé des cours de culture Bulu au Département des langues et cultures camerounaises à l'UY 1 Ecole Normale Supérieure de Yaoundé.